T0340922

ESCRITOS PRELIMINARES

de la *Riqueza de las naciones*
y
*Consideraciones sobre la primera formación
de las lenguas*

CLÁSICOS DEL PENSAMIENTO
Colección dirigida por
Jacobo Muñoz

Adam Smith

ESCRITOS PRELIMINARES
de la *Riqueza de las naciones*
y
*Consideraciones sobre la primera formación
de las lenguas*

Edición y traducción de Gonzalo Carrión
Revisión de Mariana Mussetta

BIBLIOTECA NUEVA

SMITH, A.
Escritos preliminares de la Riqueza de las naciones y Consideraciones sobre la primera formación de las lenguas / Adam Smith / Edición y traducción de Gonzalo Carrión / Revisión de Mariana Mussetta - Madrid: Biblioteca Nueva, 2017
176 p.; 21 cm (Colección Clásicos del Pensamiento)
ISBN: 978-84-16938-39-1
1. Pensamiento 2. Lenguaje 3. Civilización y progreso 4. Economía del trabajo I. Smith, Adam II. Carrión, Gonzalo, ed. y trad. III. Mussetta, Mariana, rev.

HP   CF   CFGA   JF   KCF

Composición y diseño de cubierta: Edinnova Taller Editorial

© Gonzalo Carrión y Mariana Mussetta, 2017
© Editorial Biblioteca Nueva, S. L., Madrid, 2017
    Almagro, 38
    28010 Madrid
    www.bibliotecanueva.es
    editorial@bibliotecanueva.es

ISBN: 978-84-16938-39-1
Depósito Legal: M-13.469-2017

Impreso en Gómez Aparicio Grupo Gráfico
Impreso en España - *Printed in Spain*

ÍNDICE

ESTUDIO INTRODUCTORIO

En sus escritos, cualquiera que sea la naturaleza de su tema, el Sr. Smith rara vez deja pasar la oportunidad de dar rienda suelta a su curiosidad para rastrear a partir de los principios de la naturaleza humana, o de las circunstancias de la sociedad, el origen de las opiniones e instituciones que describe. Mencioné antes un fragmento sobre la *Historia de la astronomía*, que instruyó que fuese publicado, y le he oído decir más de una vez que de joven había proyectado una historia de las otras ciencias conforme al mismo modelo. En su *Riqueza de las naciones* aparecen varias disquisiciones que tienen el mismo objetivo, en especial el esquema teórico que plantea acerca del progreso natural de la riqueza en un país, y su análisis de las causas que han invertido ese orden en los distintos países de la Europa moderna.

DUGALD STEWART[1]

I. INTRODUCCIÓN: ADAM SMITH, TAN RECONOCIDO COMO DESCONOCIDO[2]

Este año se cumple el 240 aniversario de la publicación de *Una investigación sobre la naturaleza y causas de la riqueza de las naciones* (1776), indiscutidamente una de las grandes obras de la literatura universal, con una inmensa significación e influen-

---

[1] «Relación de la vida y escritos de Adam Smith, LL. D.», en Adam Smith, *Ensayos filosóficos*, Madrid, Pirámide, 1998, pág. 253. De aquí en adelante *Relación*.

[2] Agradezco los comentarios y sugerencias de Ricardo Crespo, Leonidas Montes, Carlos Rodríguez Braun, Estrella Trincado Aznar, Sandra Visokolskis, Mariana Mussetta y Carlos Seggiaro, al tiempo que asumo total responsabilidad por los errores que pudieran permanecer y por las opiniones e interpretaciones vertidas en este estudio.

cia dentro de la historia del pensamiento económico, gracias a la cual el nombre de Adam Smith (1723-1790) sería difundido por los más recónditos rincones del orbe. Sin embargo, quizás existan pocos casos en la historia donde se pueda constatar semejante desproporción entre el *reconocimiento* de la figura de un pensador y el *conocimiento* profundo de su obra como ocurre con Adam Smith.

Difícilmente el nombre de este insigne representante de la *Ilustración escocesa* pase desapercibido para cualquier persona que haya tenido algún contacto con reflexiones sobre problemáticas económicas, ya sea a través de diversos ámbitos educativos formales o por mera exposición a medios masivos de comunicación.

No obstante, la imagen de Adam Smith suele asociarse casi con exclusividad a su libro de 1776 y, más específicamente aún, a la celebérrima metáfora de la «mano invisible», usualmente interpretada como una apología de los efectos positivos, a nivel social, de la persecución egoísta de los beneficios individuales y, con ello, a la defensa del liberalismo económico frente al intervencionismo estatal[3].

Lo anterior puede ilustrarse de manera particularmente llamativa mediante un simple dato referido a las versiones de las obras smithianas en español. Mientras que la primera traducción de la *Riqueza de las naciones* (*RN*) data del año 1794[4], la primera versión completa de la *Teoría de los sentimientos morales* (*TSM*) —la obra más importante de Smith y por la que primeramente se hizo conocido en su época— no estuvo disponible hasta 1997[5].

---

[3] Al respecto, puede verse Amartya Sen, «Uses and Abuses of Adam Smith», *History of Political Economy*, 43: 2, 2011, págs. 257-271.

[4] Traducción de Josef Alonzo Ortiz.

[5] Traducción de Carlos Rodríguez Braun, Alianza Editorial. Existe una versión parcial de la *TSM* editada por El Colegio de México en 1941 y reim-

Más aún, el resto de las obras smithianas vertidas al español, como puede constatarse en la bibliografía aquí consignada, se editaron entre 1995 y 1998. Y aún existen textos significativos, recogidos en la canónica *Glasgow Edition*, sin versiones en nuestra lengua, entre las que se cuentan las *Lecciones sobre retórica y bellas letras* (*LRBL*) y el volumen que reúne la correspondencia smithiana.

El libro que aquí se presenta intenta contribuir a acortar esa brecha entre el reconocimiento del nombre de Adam Smith y el conocimiento integral de su obra mediante la traducción —hasta donde sabemos, inédita— de algunos textos breves pero significativos del autor, como lo son las *Consideraciones sobre la primera formación de las lenguas,* y los «Escritos preliminares» de la *Riqueza de las naciones* conformados por el *Borrador (Early Draft)* y los *Fragmentos sobre la división del trabajo*. Asimismo, en este estudio introductorio se expondrán algunas propuestas interpretativas para el abordaje de dichos textos y del pensamiento smithiano en su conjunto.

2. ADAM SMITH EN EL CONTEXTO DE LA *ILUSTRACIÓN ESCOCESA*

El primer elemento que debería tenerse presente para comprender el desarrollo del pensamiento smithiano es su pertenencia al movimiento intelectual conocido como *Ilustración escocesa*. Aunque los alcances y límites de esta denominación no estén exentos de disputas entre los especialistas, será de utilidad rescatar algunas ideas al respecto para enmarcar el origen y evolución del proyecto científico-filosófico de Smith.

---

presa por el Fondo de Cultura Económica (FCE) en 1979 con introducción de Eduardo Nicol y traducción a cargo de Edmundo O'Gorman.

Según Michael A. Stewart, la expresión *Scottish Enlightenment* se utiliza para caracterizar los cien años de esfuerzos intelectuales y culturales, desde aproximadamente la segunda década del siglo XVIII, en el ámbito escocés. Si bien muchas veces esta expresión se asocia directamente con la filosofía, el autor se apresura en señalar que el movimiento ilustrado incluye otras disciplinas, como la historia, el derecho e incluso la medicina, en diálogo y discusión permanente con la reflexión filosófica[6].

Para Alexander Broadie, más allá del carácter marcadamente internacional del movimiento ilustrado, es posible argumentar que «la Ilustración en Escocia fue distintivamente escocesa»[7]. Las particulares condiciones histórico-institucionales de la Escocia de los siglos XVII-XVIII conformaron las experiencias y motivaron de tal manera a los pensadores de la época que no solo señalaron las cuestiones de agenda, sino que también contribuyeron al desarrollo de un modo particular de enfocar dichas cuestiones. Según señala este autor, la denominación de *Ilustración escocesa* fue acuñada por William R. Scott en 1900 para designar el modo de filosofar típico de Francis Hutcheson (1694-1746) y sus seguidores; y si bien el uso del término se extendió ampliamente, no existió un acuerdo generalizado acerca del alcance de su contenido.

En un texto más reciente[8], Broadie se dedica exclusivamente a la historia de la filosofía escocesa, afirmando que a estas al-

---

[6]   «The Scottish Enlightenment», en Stuart Brown (ed.), *British Philosophy and the Age of Enlightenment. Routledge History of Philosophy, Volume V*, Londres, Routledge, 1996, pág. 224.

[7]   «Introduction», en A. Broadie (ed.), *The Cambridge Companion to The Scottish Enlightenment*, UK, Cambridge University Press, 2003, pág. 2.

[8]   *A History of Scottish Philosophy*, Edinburgh, Edinburgh University Press, 2009, pág. 3. Véase también su artículo, «Scottish Philosophy in the 18th Century», en *The Stanford Encyclopedia of Philosophy*, publicado originalmente en 2001 y revisado en 2013.

turas no tiene sentido preguntarse si existe algo así como una «filosofía escocesa», puesto que se cuenta con una importante bibliografía que se ha ocupado de ella a lo largo de la historia. Allí advierte sobre la reconocida existencia de una «escuela escocesa» en filosofía, la escuela del sentido común *(common sense)*. Citando a Jouffroy, Broadie afirma que esta escuela puede caracterizarse por tres puntos: 1) los filósofos deben utilizar la observación para descubrir las leyes de las operaciones de la mente, de la misma manera que lo hacen los científicos al estudiar las leyes que gobiernan el mundo material; 2) el conocimiento de la mente humana y sus leyes es necesario para la solución de muchos de los problemas de la filosofía; 3) la filosofía tiene que ser asimilada a las ciencias naturales, *i.e.*, la filosofía *es* una ciencia natural y comparte con las demás ciencias su método[9]. Aunque, ciertamente, sería al menos controvertido reducir la filosofía escocesa a la escuela del sentido común, la anterior caracterización puede servir como un marco de referencia útil para entender algunas de las líneas centrales por las que se mueve el enfoque general del filosofar escocés, particularmente en los siglos XVII y XVIII[10].

Por su parte, James Harris[11], argumentando en contra de una supuesta diferenciación entre la filosofía inglesa y la escocesa, toma el ejemplo de David Hume (1711-1776), quien en un conocido pasaje del *Tratado de la naturaleza humana* (*TNH*) reconoce su propio proyecto filosófico dentro de una línea seguida por

---

[9]   A. Broadie, *A History of Scottish Philosophy*, ob. cit., pág. 4.

[10]   Aunque rechace la idea de englobar a toda la filosofía escocesa en una escuela particular, Broadie sostiene que existe, no obstante, una unidad en el modo de filosofar escocés signado por las características y circunstancias particulares a nivel institucional, religioso, jurídico, etc., ídem, pág. 6.

[11]   «Introduction», en James A. Harris (ed.), *The Oxford Handbook of British Philosophy in the Eighteenth Century*, UK, Oxford University Press, 2013, págs. 3-4.

autores tan diversos como Locke, Shaftesbury, Mandeville, Hutcheson, Butler, etc.[12]

Dos datos biográficos particularmente significativos en la vida de Smith permiten tener una idea sobre la importancia que la tradición ilustrada escocesa tuvo en su formación[13]. En primer lugar, el hecho de que durante sus años formativos en la Universidad de Glasgow, entre 1737 y 1740, tuvo como profesor de filosofía moral al mismo Francis Hutcheson, cuya cátedra Smith llegaría a ocupar en 1752[14], y a quien recordaría con cariño y admiración al aceptar la propuesta de convertirse en rector de dicha institución en 1787[15]. En segundo lugar, su profunda y fecunda amistad con David Hume, que ha quedado plasmada tanto en su continua comunicación epistolar entre 1752 y 1776 —año del fallecimiento de Hume— como en las elogiosas referencias hacia el autor del *Tratado* en las obras smithianas[16].

---

[12]   Una crítica actual sobre las dificultades histórico-filosóficas que plantea la utilización del término «Ilustración» para referirse al pensamiento filosófico del siglo XVIII puede encontrarse en Aaron Garrett, «Introduction: The Eclecticism of Eighteenth-Century Philosophy», en A. Garrett (ed.), *The Routledge Companion to Eighteenth Century Philosophy*, NY, Routledge, 2014, pág. 3.

[13]   Para un estudio específico sobre la vida de Adam Smith, remito a las biografías consignadas en la bibliografía.

[14]   Sobre la influencia de esta cátedra, en particular para la *Ilustración escocesa,* véase Alasdair MacIntyre, *Justicia y racionalidad. Conceptos y contextos,* Barcelona, EIUNSA, 1994, págs. 232-233.

[15]   E. Campbell Mossner e I. Simpson Ross (eds.), *The Correspondence of Adam Smith*, Indianapolis, Liberty Fund, 1987, pág. 309 (en adelante *Corr.*). Sobre la recepción smithiana del pensamiento de Hutcheson puede verse, además, Christopher Berry, «Adam Smith and Early-Modern Thought», en Ch. Berry, M. P. Paganelli y C. Smith (eds.), *The Oxford Handbook of Adam Smith*, Oxford, Oxford University Press, 2013, pág. 97, y Nicholas Phillipson, «Adam Smith: A Biographer's Reflections», en Ch. Berry, M. P. Paganelli y C. Smith (eds.), ob. cit., pág. 27.

[16]   Es conocido el caso de la *RN* en la que se refiere a Hume como «el más ilustre filósofo e historiador de los tiempos actuales» (pág. 694). So-

Reuniendo las ideas presentadas hasta aquí, y prestando especial atención a la cita del amigo y primer biógrafo de Smith, Dugald Stewart (1753-1828), consignada al comienzo de este estudio, podría tenerse una primera aproximación al talante general del pensar smithiano señalando como hilo conductor a la investigación sobre la naturaleza humana mediante una particular apropiación del método newtoniano alineado, a su vez, con el proyecto filosófico humeano. En este sentido, cabe insistir en el hecho de que la investigación económica smithiana, desarrollada principalmente en *RN*, muestra solo una de las aristas de sus múltiples y variados intereses intelectuales, entre los que se encuentran las indagaciones sobre el lenguaje, la retórica y la crítica literaria, la estética, la filosofía moral, la política y la jurisprudencia, la gnoseología y la historia de las ciencias en general[17]. Considerando este espíritu enciclopédico del pensar smithiano, moldeado según la tradición ilustrada escocesa, se tratará de identificar algunas ideas antropológicas y epistemológicas fundamentales que permitirán, por un lado, echar luz sobre los vínculos entre los escritos aquí editados y, por otro, mostrar su significación en el conjunto de la obra smithiana.

3. NATURALEZA HUMANA, CONOCIMIENTO Y LENGUAJE

bre la influencia de Hume en Smith, puede verse Eric Schliesser, *Indispensable Hume: From Isaac Newton's Natural Philosophy to Adam Smith's «Science of Man»*, Dissertation submitted to the Faculty of the Division of the Humanities in Candidacy for the Degree of Doctor of Philosophy, Department of Philosophy, University of Chicago, 2002, y Charles L. Jr. Griswold, *Adam Smith and the Virtues of Enlightenment*, NY, Cambridge University Press, 1999.

[17] Según consta en varias fuentes, Smith tenía el gran proyecto de redactar «una historia que conectara las ciencias liberales y las artes elegantes» («Advertencia de los editores» a los *Ensayos filosóficos de Smith).* Sobre ese «gran plan» y su posible contenido, véase el «Estudio preliminar» de John Reeder a la edición castellana de los *Ensayos,* págs. 24-28.

Además de sus dos obras más importantes, *TSM* y *RN*[18], Adam
Smith solo publicó algunos textos breves, como sus contribuciones a la *Edinburgh Review* de 1755-1756, específicamente una «Reseña a *Un diccionario de la lengua inglesa* de Samuel
Johnson», preparada para el primer número de dicha revista, y
una carta a los editores, incorporada en su segundo número. La
gran mayoría del resto de la obra smithiana que hoy se conoce fue publicada por terceros, con materiales recibidos y reco-
lectados más o menos indirectamente. Por ejemplo, el conjunto de opúsculos reunidos bajo el título de *Ensayos filosóficos* (*EF*)
vieron la luz por primera vez en 1795, y fueron compilados por
los amigos y albaceas literarios de Smith —a la vez que reputa-
dos académicos— Joseph Black y James Hutton, quienes, como
consta en la «Advertencia» de la obra, tomaron la iniciativa de
publicar un conjunto de textos que Smith no ordenó quemar antes de su muerte, como ocurrió con la mayor parte de sus trabajos inconclusos. Por otra parte, tanto las *Lecciones sobre jurisprudencia* —en sus dos reportes de 1762-1763 (*LJ* A) y de 1766 (*LJ*
B)— como las *Lecciones sobre retórica* se basan en compendios
elaborados por alumnos de Smith a partir de apuntes de sus clases. Estos trabajos fueron descubiertos entre finales del siglo XIX
y mediados del XX, al igual que el *Borrador de la Riqueza de las
naciones* y los *Fragmentos sobre la división del trabajo*.

A partir de lo anterior se vislumbra un primer elemento importante para evaluar la significación de las *Consideraciones sobre la primera formación de las lenguas* (*CPFL*): es el texto más
extenso publicado por el propio Smith, además de sus dos obras

---

[18] Cabe recordar que ambos libros fueron revisados varias veces por el
autor a lo largo de su vida. Puntualmente, *TSM* tuvo seis ediciones (1759,
1761, 1767, 1774, 1781 y 1790), en las que Smith introdujo modificaciones
importantes, mientras que *RN* tuvo cinco (1776, 1778, 1784, 1786 y 1789),
sin reformas de gran alcance. Las citas de estas obras corresponden a las ediciones castellanas de Alianza Editorial para el caso de la *TSM*, y de *FCE* para
la *RN*, según se detalla en la bibliografía.

capitales[19]. En efecto, este ensayo aparece originalmente en la publicación denominada *The Philological Miscellany* (de la cual solo llegó a publicarse un volumen), en 1761, pero, de manera muy sugerente, fue incorporado por Smith como apéndice a la *TSM* a partir de su tercera edición, en 1767, manteniendo esa ubicación durante las restantes ediciones smithianas de esta obra[20]. Este hecho abre el abanico de cuestiones relativas a la importancia del contenido del ensayo para la interpretación del pensar smithiano en su conjunto. Asimismo, se convierte en una llamada de atención sobre la edición contemporánea de las obras del escocés, puesto que dentro de la *Glasgow Edition,* las *CPFL* se incluyen en el volumen IV, como anexo de las *LRBL.* Si bien la continuidad temática que fundamenta dicha decisión editorial es manifiesta, podría objetarse que no respeta la idea original de Smith —autor sumamente cuidadoso con las ediciones de sus obras— y, consecuentemente, quizás haya desplazado el interés y la trascendencia del texto. Igualmente, cabe señalar que ninguna de las versiones españolas de la *TSM* incluye el ensayo sobre el origen de las lenguas.

Que las problemáticas relativas al lenguaje fueron una constante a través del pensar smithiano puede constatarse tanto a partir de su biografía —en la que figuran varios cursos dictados sobre retórica y literatura—, como así también en múltiples pasajes de sus obras principales[21]. No obstante, gracias a las *CPFL* y a los manuscritos descubiertos por John Lothian en 1958 y pu-

---

[19] El título completo del ensayo es *Considerations Concerning the First Formation of Languages, and the Different Genius of Original and Compounded Languages.*

[20] Se conserva una carta de Smith a su editor, William Strahan, donde se indica el agregado del ensayo, denominado allí *Dissertation upon the Origin of Languages,* al final de la *TSM, Corr.,* pág. 122.

[21] Incluso las *Lectures on Rhetoric* figuran entre las primeras que dictó en Edimburgo, a partir de 1748, con tal éxito entre los asistentes que debió repetirlas durante los siguientes dos años, para retomarlas luego de su regreso a

blicados en 1963 bajo el título de *Lectures on Rhetoric and Belles Lettres Delivered in the University of Glasgow by Adam Smith, Reported by a Student in 1762-63* —cuya tercera lección corresponde a la versión sintética de las *CPFL*—, podemos tener una idea más acabada sobre las tesis smithianas más importantes acerca del lenguaje y las múltiples relaciones entre dichas tesis y el resto de la preocupaciones del autor, particularmente a nivel epistemológico, antropológico y social.

En referencia a las *CPFL*, primeramente conviene recordar lo dicho por Stewart en su imprescindible biografía de Smith:

Es un ensayo muy ingenioso y al que el propio autor concede un gran valor, pero en una visión general de sus publicaciones merece nuestra atención menos por las opiniones que contiene que como muestra de una especie singular de investigación que por lo que sé es totalmente moderna, y que parece haber interesado la curiosidad del Sr. Smith en un grado extraordinario. Puede hallarse algo parecido en todos sus diversos trabajos, sobre moral, política o literatura, y en todos estos temas lo ha ejemplificado con gran fortuna[22].

Y más adelante agrega:

Me he tomado la libertad de llamar a este tipo de investigación filosófica, que carece de un nombre apropiado en nuestro idioma, con el título de *historia teórica* o *conjetural*; la expresión coincide bastante en su significado con la de *historia natural*, utilizada por el Sr. Hume, y con lo que algunos autores franceses han denominado *histoire raisonnée*[23].

Glasgow. Véase N. Phillipson, *Adam Smith: An Enlightened Life*, USA, Yale University Press, 2010, págs. 89 y sigs.

[22] *Relación*, pág. 250.

[23] Ídem, pág. 252.

Al menos dos cosas merecen destacarse en estas apreciaciones. Primeramente, y en relación con lo dicho anteriormente, el reconocimiento de la valoración del propio Smith hacia el ensayo. En segundo lugar, cierta desestimación del peso de las ideas del autor sobre la temática en sí en comparación con la perspectiva metodológica implicada. Dicho de otra manera, Stewart entiende que para evaluar correctamente a las *CPFL* —lo que probablemente significaría también dar cuenta de la alta valoración que le habría asignado Smith— debe repararse más en su forma que en su contenido, *i.e.*, en el enfoque filosófico que dirige la investigación sobre el origen y desarrollo de las lenguas, puesto que este caso es particularmente útil para ver en acto la aplicación del método histórico-conjetural que luego será utilizado por Smith en el resto de sus obras, y que aquí se liga explícitamente al nombre de Hume[24].

Paralelamente a lo dicho por Stewart en 1794, desde una perspectiva contemporánea, Dascal advierte que si bien sería exagerado adscribir a Adam Smith una «teoría del lenguaje», no obstante, sus ideas merecen examen por varias razones. En primer término, porque revelan los supuestos sobre la naturaleza y funciones del lenguaje que subyacen a su trabajo, en tanto escritor extremadamente consciente al respecto. En segundo término, las conexiones que dichas ideas sugieren entre las partes mejor conocidas de sus obras pueden ayudar a reconstruir su epistemología general. Por último, porque posibilitan enmarcar la obra smithiana en un contexto témporo-espacial en el que las relaciones entre lenguaje y conocimiento usualmente servían

---

[24] Un artículo biográfico reciente, breve aunque muy ilustrativo, sobre Smith, donde se destaca tanto la influencia de Hume como la importancia de las problemáticas relativas al lenguaje para su filosofía, puede encontrarse en N. Phillipson, «Smith and the Scottish Enlightenment», en Ryan P. Hanley (ed.), *Adam Smith: His Life, Thought and Legacy,* New Jersey, Princeton University Press, 2016, págs. 105-119.

como indicador acerca del posicionamiento del pensador respecto de otras cuestiones filosóficas y sociales[25].

Conjugando tanto lo dicho por Dascal como las reflexiones de Stewart, antes de presentar brevemente las ideas centrales vertidas en las *CPFL* parece conveniente exponer algunos principios antropológico-epistemológicos smithianos que emergen de sus escritos tempranos, destacando su comprensión imaginativo-pasional de la naturaleza humana, en línea con los desarrollos filosóficos de David Hume. Para ello, recurriendo fundamentalmente al ensayo conocido como *Historia de la astronomía*, se presentarán a continuación algunas nociones de Smith sobre el proceso de génesis, aceptación y sustitución de teorías científico-filosóficas.

3.1. Imaginación, pasiones y conocimiento científico-filosófico

Como es bien sabido, la cuestión antropológica ocupa un lugar de privilegio en la filosofía de David Hume ya desde el *TNH*. No obstante, debe tenerse presente que la novedad de su enfoque radica en el abordaje metodológico propuesto, alineado con la tradición newtoniana y en oposición tanto al racionalismo escolástico como al cartesiano. Partiendo de esta base, podría decirse que en un primer momento de su recorrido intelectual Hume realiza una profunda crítica a muchas de las concepciones y planteamientos filosóficos vinculados con tales tradiciones (como aquellas referidas a las nociones de sus-

---

[25] Marcelo Dascal, «Adam Smith's Theory of Language», en Knud Haakonssen (ed.), *The Cambridge Companion to Adam Smith*, NY, Cambridge University Press, 2006, págs. 79-80. Una visión crítica sobre la aproximación de Dascal a la cuestión del lenguaje en Smith puede encontrarse en R. P. Hanley, «Language, Literature and Imagination», *Adam Smith Review*, vol. 4, 2008, págs. 221-230.

tancia y causalidad) para, en un segundo momento, exponer sus propuestas alternativas en diversos niveles (tanto gnoseológico y estético como ético, político y económico), siempre resaltando los efectos vinculados con los elementos imaginativo-pasionales —antes que racional-volitivos— en la constitución de la naturaleza humana[26].

Desde este punto de vista, es posible sostener que el camino filosófico indicado por Hume fue continuado por Smith, cosa que se vislumbra ya desde sus primeros escritos. En efecto, sea en la explicación smithiana sobre el conocimiento de los objetos externos como así también en el surgimiento de las ciencias y las artes, los vínculos entre imaginación y pasiones ocupan un lugar privilegiado, preeminente y precedente respecto de la razón[27].

En su *Historia de la astronomía* (*HA*)[28], Smith da cuenta del origen y desarrollo de las hipótesis científico-filosóficas, para lo

[26] Para una buena introducción en español al pensamiento de Hume, véase Francisco Pereira Gandarillas, *David Hume. Naturaleza, conocimiento y metafísica,* Santiago de Chile, Ediciones Universidad Alberto Hurtado, 2009. Una interpretación sobre el «newtonianismo» de Hume puede consultarse en «Hume's Newtonianism and Anti-Newtonianism», en Edward N. Zalta (ed.), *The Stanford Encyclopedia of Philosophy,* 2008, http://plato.stanford.edu/archives/win2008/entries/hume-newton.

[27] En este sentido, el paralelismo entre los enfoques filosóficos humeanos y smithianos queda particularmente claro al comparar sus explicaciones sobre la génesis de la religión y de la filosofía, en la *Historia natural de la religión* y la *Historia de la astronomía,* respectivamente. Sobre esto puede verse, Spencer J Pack, «Theological (and Hence Economic) Implications of Adam Smith's "Principles which Lead and Direct Philosophical Enquiries"», *History of Political Economy,* 27:2, 1995, págs. 289-307.

[28] Téngase presente que tanto este ensayo como aquellos basados en la *Historia de la física antigua (HFA)* y la *Historia de la lógica y la metafísica antiguas (HLMA)* comparten la primera parte del título, y aunque en las referencias suele omitirse, aquí es donde se expone el objetivo primordial de las indagaciones: «Los principios que presiden y dirigen las investigaciones filosóficas, ilustrados por la historia de…». Las referencias de estos textos corres-

cual comienza distinguiendo y delimitando los significados de tres sentimientos: el *asombro*, causado por lo nuevo y singular, la *sorpresa*, ante lo inesperado, y la *admiración*, producida por lo grandioso o hermoso[29]; puesto que la influencia de estos tres sentimientos «es mucho más amplia de lo que un análisis descuidado podría hacernos imaginar»[30].

Al iniciar su indagación por el análisis de la sorpresa, Smith parece valerse de un principio importante para Hume, y que puede separarse en dos proposiciones correlativas: 1) toda idea de un objeto produce una pasión o emoción correspondiente, y 2) la intensidad de dicha pasión o emoción resulta directamente proporcional al grado de habitualidad de la mente en la concepción del objeto[31].

A su vez, la brecha ante la aparición de ideas desconectadas es captada por la imaginación, lo que produce la emoción del asombro[32]. Pero la imaginación no solamente capta esa separación, sino que lo desagradable de esta experiencia la mueve a construir algún tipo de vínculo entre tales ideas, de modo tal

---

ponden a la edición castellana de los *Ensayos filosóficos,* según se detalla en la bibliografía.

[29]   *HA*, pág. 43.

[30]   Ídem, pág. 45.

[31]   «Cuando un objeto de cualquier tipo, que durante un tiempo ha sido esperado y previsto, se presenta, cualquiera sea la emoción que por naturaleza está orientado a provocar, la mente debe estar preparada para ella e incluso en alguna medida la debe haber concebido con antelación; como la idea del objeto ha estado durante tanto tiempo presente, debe haber estimulado con anterioridad algún grado de la misma emoción que suscitaría el propio objeto; en consecuencia, el cambio que su presencia produce llega a ser menos considerable, y la emoción o pasión a que da lugar se desliza hacia el corazón de forma gradual y sencilla, sin violencia, dolor o dificultad.» Ibíd. Cfr. David Hume: *TNH*, pág. 509. Las referencias al *Tratado de la naturaleza humana* corresponden a la edición castellana preparada por Félix Duque, segunda edición, Madrid, Tecnos, 1992.

[32]   *HA*, págs. 53-54.

que la transición de una a otra sea más fácil y agradable. Es decir, que la permeabilidad de la imaginación ante las pasiones es fundamental para entender la manera en que los hombres construyen las teorías científicas. Merece destacarse aquí la concordancia entre Smith y Hume en el rechazo a una separación estricta entre conocimiento y emociones, razón y pasión, donde la imaginación aparece precisamente como facultad mediadora. En efecto, la sensación de displacer generada por la captación de una brecha entre objetos mueve a la imaginación a «tender puentes», es uno de los tópicos centrales de la gnoseología smithiana, y a afirmar que en esta tendencia a «llenar los vacíos intermedios» la imaginación *supone* hechos que conectan objetos[33]. Las hipótesis científico-filosóficas cumplen, por tanto, primordialmente una función conectiva que ayuda a disminuir el asombro[34]. En la descripción de este proceso conectivo Smith sostiene que existe una especie de inercia de la imaginación, moldeada por el hábito y la costumbre, en la transición entre ideas.

A partir de estas consideraciones se comprende la definición smithiana de la filosofía como «la ciencia de los principios conectivos de la naturaleza», siguiendo un enfoque marcadamente práctico: la importancia de la filosofía radica no tanto en descubrir la verdad de las cosas, sino en tranquilizar a la imaginación construyendo teorías/puentes, mediante hipótesis/ladrillos que

---

[33] Resulta interesante destacar que entre los autores denominados *New Humeans* la noción humeana de *suposición* se ha utilizado para discutir las lecturas antirrealistas de Hume.

[34] Dice Smith: «Incluso las vagas hipótesis de Descartes, y las aún más indeterminadas nociones de Aristóteles, han contribuido con las que las han seguido a otorgar alguna coherencia a los fenómenos de la naturaleza, y a atenuar el asombro, aunque no hayan podido destruirlo. Si no han rellenado plenamente el intervalo entre los dos objetos separados, al menos les han conferido una suerte de débil nexo del que antes carecían.» *HA*, pág. 54.

son, a su vez, supuestos/invisibles[35]. Pero además esta concepción de la filosofía se alinea con la tendencia humeana a difuminar las fronteras entre disciplinas. En este sentido, la idea de la filosofía como *arte* dirigido a la imaginación adquiere un profundo sentido reformador en el contexto del giro antropológico propuesto por Hume[36]. Este enfoque permite a Smith presentar un recorrido por la historia de la astronomía considerando la efectividad práctica de las teorías —en cuanto hipótesis imaginativo-conectivas— para el incremento del placer/tranquilidad, de manera tal que la cuestión de la veracidad de la teoría queda relegada a un segundo plano:

Examinemos, entonces, los diferentes sistemas de la naturaleza que [...] han sido adoptados sucesivamente por las personas sabias e ingeniosas; y, sin considerar su absurdo o verosimilitud, su acuerdo o incompatibilidad con la verdad y la realidad, estudiémoslo solo desde el enfoque particular que corresponde a nuestro tema, y limitémonos a investigar el grado en que cada uno de ellos estaba preparado para aliviar la imaginación, para transformar el teatro del mundo en un espectáculo más coherente y por ello más magnífico de lo que podría haber parecido en otro caso. Según lo hayan conseguido o no, habrán sistemáticamente logrado reputación y reconocimiento para sus autores o no; y se verá que esta es la clave que mejor puede conducirnos a

[35] En efecto, para Smith la finalidad de la filosofía consiste en «traer el orden a este caos de apariencias discordes y chirriantes, apaciguar el tumulto en la imaginación y restaurar en ella, cuando revisa los grandes cambios del universo, el tono de tranquilidad y compostura que le es, al tiempo, más grato de por sí y más conforme a su naturaleza.» *HA*, pág. 57.

[36] Recuérdese, a propósito, la siguiente cita de Hume: «Todo razonamiento probable no es otra cosa que una especie de sensación. No solo en música y poesía debemos seguir nuestros gustos y sentimientos, sino también en filosofía. Si estoy convencido de un principio cualquiera, es solamente una idea lo que me afecta con más intensidad. Cuando prefiero un conjunto de argumentos a otro, mi decisión no depende más que de mi sentimiento de su mayor influencia.» *TNH*, págs. 171-172.

través de todos los laberintos de la historia filosófica; al tiempo sirve para confirmar lo que ha sucedido antes y arrojar luz sobre lo que puede venir después; y podemos observar en general que no hay sistema, por mejor fundamentado que haya estado en otros aspectos, que haya podido cosechar un crédito amplio en el mundo si sus principios conectivos no resultaban familiares a toda la humanidad[37].

Este pasaje resulta clave para comprender tanto el objetivo del ensayo como la totalidad de la obra smithiana, y esto por varios motivos. En primer lugar, porque Smith expresa la preeminencia de la acción de la imaginación sobre la razón como factor explicativo de la construcción y sucesión de sistemas científico-filosóficos. En segundo lugar, porque señala las condiciones primordiales que estos sistemas teóricos deben cumplir para ser adoptados por la humanidad, los cuales son la unificación coherente de fenómenos y la familiaridad de los principios explicativos[38]. En tercer lugar, destaca el elemento subjetivo presente en dicha aceptación y, con marcado realismo, viene a decir que el reemplazo de un sistema no se debe a un mero proceso lógico-racional, sino que ocurre en gran medida gracias a los efectos emocionales generados por un nuevo escenario de conexiones entre ideas[39]. Por último, afirma que este enfoque no solo será útil para analizar la historia de las ciencias, sino también para prever las

---

[37] Ídem, pág. 57-58.

[38] Véase también *HFA*, pág. 114.

[39] En una serie de artículos, Andrew Skinner llamó la atención sobre cierto carácter «kuhniano» (aunque también «popperiano») de la filosofía de la ciencia smithiana: «Adam Smith: philosophy and science», *Scottish Journal of Political Economy,* 29: 3, 1972, págs. 307-319, y «Adam Smith: Science and the Role of the Imagination», en W. B. Todd (ed.), *Hume and the Enlightenment: Essays presented to Ernest Campbell Mossner,* Edinburgh University Press, 1974. Estos artículos se fundieron luego en el capítulo titulado «Science and the Role of the Imagination» del libro *A System of Social Science. Papers Relating to Adam Smith*, Londres, Clarendon Press, 1979, págs. 14-41.

características de futuros sistemas, de lo que podría concluirse su derivación programática, dentro de la cual cabría incluir las propias teorías lingüísticas, morales y económicas smithianas. Para entender esto más acabadamente, permítasenos presentar algunos de los elementos centrales de la exposición smithiana sobre la historia de la astronomía.

Smith comienza su estudio por el sistema de las esferas concéntricas según la escuela italiana, Aristóteles, Eudoxo y Calipo, mostrando el devenir de las teorías como sucesivas superaciones ante confrontaciones empíricas. Los primeros sistemas, afirma, lograron calmar en algún grado el sosiego de la imaginación por conectar por vez primera fenómenos que parecían totalmente inconexos. Pero en cuanto se incrementó el número de observaciones y aparecieron nuevos fenómenos que el sistema no podía explicar, la imaginación tendió, primeramente, a modificar el sistema al que estaba habituada para incorporar los nuevos fenómenos y volver a su estado de tranquilidad. Ahora bien, para extender el poder explicativo de una teoría se puede aumentar la cantidad de principios explicativos, pero con esto se pierde en simplicidad y se corre el riesgo de volver al sistema tan complejo como el cúmulo de fenómenos que intenta explicar. Esto anuncia el agotamiento total de un sistema y predispone a la imaginación para abandonarlo y elaborar uno nuevo. Precisamente eso fue lo que ocurrió, según Smith, con el pasaje del sistema de las esferas concéntricas al de las esferas excéntricas y los epiciclos perfeccionado por Ptolomeo[40].

Aunque el sistema ptolemaico seguía siendo demasiado intrincado ante la necesidad natural de reposo de la imaginación, continuó en boga hasta que su complejidad y errores de predicción llevaron a su modificación. Esto motivó a Copérnico para elaborar su sistema heliocéntrico con inclinación del eje terrestre. Este nuevo sistema cumplía con las condiciones necesarias

---

[40] *HA*, pág. 69.

para sustituir a los anteriores: economía de principios, mayor coherencia e incluso superioridad estética[41]. Pero la aceptación del sistema de Copérnico implicaba echar por tierra ideas con las que la imaginación de los hombres estaba totalmente habituada, sea por prejuicios naturales o por la educación, tales como la necesidad de regularidad en los movimientos de los astros o la inmovilidad de la Tierra[42]. Dice Smith:

No fueron solo la belleza y sencillez de este sistema las que lo recomendaron a la imaginación; lo nuevo e inesperado del enfoque de la naturaleza que abrió ante la imaginación despertaron más admiración y sorpresa que la más extraña de las apariencias, para cuya transformación en algo natural y familiar había sido inventado, y estos sentimientos lo volvieron aún más apreciado. Porque aunque el fin de la filosofía es aquietar ese pasmo suscitado por las apariencias inusuales o dislocadas de la naturaleza, ella nunca triunfa tanto como cuando, para conectar unos pocos objetos, quizás insignificantes en sí mismos, crea, por así decirlo, otra constitución de las cosas, más natural, que la imaginación puede seguir con mayor facilidad, pero más nueva y más opuesta a las opiniones y expectativas comunes que ninguna de esas mismas apariencias[43].

Además de las características de «belleza y sencillez» intrínsecas a la teoría, el elemento emocional de admiración y sorpresa aportado por una nueva imagen de mundo imprime ahora el impulso necesario para que la imaginación se aferre al sistema[44]. De

[41] Ídem, pág. 83.
[42] Ídem, págs. 85-86.
[43] Ídem, págs. 83-84.
[44] En el ensayo titulado *De la naturaleza de la imitación que tiene lugar en las llamadas artes imitativas,* Smith sostiene que suele denominarse belleza a cierta semejanza basada en la simetría de proporción dentro una disposición dada de cosas: *EF,* pág. 173. Sin embargo, esta definición vale para la calificación de los objetos tal como se dan en la naturaleza. Las obras de

esta manera, la suma de los efectos de: 1) la economía de principios explicativos que reduce el esfuerzo de la imaginación para
seguir las conexiones entre objetos, 2) la novedad de la teoría y 3)
su grado de oposición a las teorías anteriores, permite entender
la adopción de un sistema científico-filosófico.

Sin embargo, para eliminar la objeción más fuerte planteada
a Copérnico, *i.e.*, la apelación empírica del sentido común contra su hipótesis del desplazamiento de la Tierra, se debió esperar
hasta los esfuerzos de Galileo para explicar y demostrar la composición del movimiento, «tanto por la razón como por la experiencia», de modo tal que mediante la acumulación de ejemplos
lograra familiarizar a la imaginación con semejante noción[45].

Kepler, por su parte, ayudó a liberar a la imaginación de
los prejuicios sobre la circularidad y movimiento constante de
las órbitas planetarias, proponiendo un sistema de órbitas elíp-
ticas y velocidades variables. Y aunque el sistema kepleriano
fuera demasiado intrincado para lograr el reposo de la imaginación[46], mediante su ley de aceleración de los astros había logrado satisfacer una tendencia intrínseca a la naturaleza
humana: el amor a la analogía[47]. Pero para que el sistema heliocéntrico fuera adoptado sin reservas, la imaginación debía
acostumbrarse a la idea de que los planetas se desplazan a enormes velocidades. A propósito, Kepler supuso la existencia de
una virtud inmaterial emanada por el Sol gracias a la cual los
planetas circundantes se mantenían en movimiento permanen-

---

arte —en cuanto creaciones humanas— deben cumplir con otra característica para ser consideradas bellas; deben unificar mediante ese tipo de semejanza objetos que en la naturaleza presentan grandes diferencias: ídem, pág.
181. Por lo tanto, el mérito de las artes imitativas radica en su capacidad para
conectar dos elementos *per se* diferentes (el representado y el representante)
mediante un proceso determinado: ídem, pág. 182.

[45] *HA*, pág. 91.
[46] Ídem, págs 96-97.
[47] Ídem, pág. 98.

te. Sin embargo, dice Smith, «la imaginación carecía de control sobre esta virtud inmaterial y era incapaz de formarse una idea clara de en qué consistía»[48]. Esta dificultad llevó a Descartes a postular su teoría del *plenum:* un universo lleno de materia en el que los planetas estarían flotando; y logró apaciguar en algún grado a la imaginación al hallar una analogía fácil de seguir, como el movimiento de fluidos.

El sistema cartesiano tenía la ventaja de unificar una cantidad de fenómenos tan grande como ninguna otra hipótesis lo había hecho antes, puesto que se valía de los principios conectivos más claros y determinados[49]. Sin embargo, con el transcurso del tiempo la insatisfacción hacia el cartesianismo fue creciendo y los científicos comenzaron a buscar otros principios explicativos. Aparece entonces la figura de Isaac Newton.

Smith no escatima palabras de elogio hacia el autor de los *Principia*, puesto que su sistema representa el paradigma explicativo a través del cual la imaginación encuentra pleno reposo y satisfacción. Sintetizando los pensamientos del escocés, podría decirse que este sistema posee las siguientes cualidades[50]:

1. Respeta, como ningún otro, el principio de economía: un solo principio —el de la gravedad— basta para conectar todos los movimientos planetarios.

2. Tal principio es *concreto* y *determinado*, además de resultar sumamente *familiar* a los hombres.

3. El sistema recibe una fuerte corroboración empírica.

4. Su poder explicativo va más allá de los sistemas anteriores, a punto tal de incorporar el movimiento de los cometas, cosa que nunca antes se había logrado.

5. Continúa manteniendo una perfecta coherencia intrínseca.

---

[48] Ídem, págs. 98-99.
[49] Ídem, pág. 103.
[50] Ídem, pág. 111.

El conjunto de esas cualidades brindan tal solidez al sistema newtoniano que para Smith puede desafiar cualquier postura escéptica, incluso su propio intento de presentar la sucesión de sistemas científico-filosóficos como constructos para calmar a la imaginación[51]. Asimismo, es claro el paralelismo entre este listado y las reglas humeanas para juzgar acerca de causas y efectos[52]. Pero lo más interesante en este punto es que dichas reglas ahora son aplicadas para dar cuenta de la misma dinámica evolutiva de la ciencia, la cual, desde la perspectiva smithiana, no puede comprenderse como un proceso/progreso lineal exclusivamente determinado por la eficiencia racional de las teorías, sino que depende en gran medida de factores emocionales vinculados al funcionamiento de la imaginación[53].

Teniendo un panorama general sobre las ideas de Smith sobre el proceso de génesis, aceptación y sustitución de hipótesis científico-filosóficas, a continuación se tratará de mostrar cómo operan dichos criterios epistémicos, basados en la concepción antropológica smithiana, a la hora de entender el origen y evolución de las lenguas.

3.2. Historia conjetural y origen de las lenguas

Como se dijo anteriormente, según Stewart, las *CPFL* representan un destacado ejemplo de la aplicación del método histórico-conjetural smithiano, ya que en ellas se intenta explicar la géne-

---

[51] Ídem, pág. 112.
[52] *TNH*, págs. 258-259.
[53] Como me ha señalado R. Crespo, Smith es un precursor de las discusiones contemporáneas sobre las virtudes y valores epistémicos. Véase, *v. gr.*, Mariano Artigas, *Filosofía de la ciencia*, Navarra, EUNSA, 2009, págs. 213-215, 278; y J. Reiss y J. Sprenger, «Scientific Objectivity», en E. N. Zalta (ed.), *The Stanford Encyclopedia of Philosophy*, 2016, https://plato.stanford.edu/archives/sum2016/entries/scientific-objectivity.

sis de las lenguas a partir de diversas situaciones —supuestas y originales— de interacción entre los creadores de los diferentes tipos de palabras que las componen, hasta llegar a efectuar una crítica hacia las lenguas modernas preposicionales en relación con las clásicas desinenciales[54].

Dos cosas merecen ser destacadas desde el inicio. Por un lado, así como para Smith la moral solo puede generarse en sociedad, dado su carácter intrínsecamente especular, también el origen de la lengua está fuertemente vinculado con la socialidad humana[55]. Por otro lado, y en relación con la perspectiva antropológica smithiana, puede decirse que el hilo conductor del ensayo radica en dos ideas fundamentales: en primer lugar, que las palabras y conceptos más abstractos y generales, es decir, aquellos más distantes para las capacidades intelectuales humanas, se forman a partir de objetos individuales, más concretos, cercanos y familiares. En segundo lugar, Smith trata de mostrar que la evolución en la articulación de las lenguas se vincula estrechamente con el placer generado por cierta semejanza y uniformidad en la sonoridad de las palabras. Estas dos ideas indican que el enfoque genético seguido por Smith en el ensayo está fuertemente ligado con los elementos sensitivo-materiales de la lengua, lo que implica, a su vez, insistir en el factor emocional de la naturaleza humana para comprender su evolución.

[54] Sobre el contexto histórico-filosófico del ensayo smithiano, sus influencias y derivaciones, véase Ch. J. Berry, «Adam Smith's Considerations on Language», *Journal of the History of Ideas,* vol. 35, núm. 1, 1974, pág. 138 y sigs. Una lectura integral de la obra smithiana desde la unidad metodológica histórico-conjetural puede encontrarse en Víctor Méndez Baiges, *El filósofo y el mercader. Filosofía, derecho y economía en la obra de Adam Smith*, México, FCE, 2004.

[55] Sobre la importancia de la socialidad humana para la comprensión del lenguaje en Smith, puede verse Vivienne Brown, «The Lectures on Rhetoric and Belles Lettres», en R. P. Hanley (ed.), ob. cit., págs. 18-32.

Teniendo en cuenta lo anterior, Smith comienza imaginando una situación en la que dos hombres primitivos, que no han tenido contacto con la sociedad, empiezan a comunicarse, intentando primero expresar mutuamente sus deseos y profiriendo sonidos para designar determinados objetos. Supone que estos sonidos iniciales estarían relacionados con los objetos que les fueran más familiares, asociados en un primer momento a objetos individuales. Gradualmente, a medida que estos primitivos tuvieran oportunidad de observar otros objetos *similares* a aquellos a los que estaban acostumbrados, su memoria, al presentarlo «de la manera más intensa y vívida», inevitablemente relacionaría los nuevos objetos con los ya conocidos, de modo que, ante tal semejanza, el nombre aplicado al primer objeto pasaría *naturalmente* a designar también al segundo.

Nótese, por una parte, que aquí Smith parece remitir al modo humeano de entender las ideas de la memoria, relacionando su aparición con el grado de intensidad y vivacidad[56]. Pero además, cabe señalar que aquí aparece una noción que será fundamental en toda la obra smithiana, se trata de las consecuencias no intencionadas de las acciones humanas. En efecto, a partir de la operación descripta se explica el paso de un nombre *propio* a uno *común*; pero lo que interesa resaltar aquí es que para Smith esto se da de manera *insensible* o, dicho de otra forma, *naturalmente*. Los hombres no buscan de modo intencional producir los términos universales, sino que mediante el mecanismo asociativo de la semejanza aquellos se generan *de facto*. La transición entre un individuo y otro, dadas sus características similares, hacen que la mente los relacione mediante un término común sin la captación de una brecha, lo que, según se ha

---

[56] Por otra parte, en la Lección III de las *LRBL* (pág. 9), al explicar el origen primitivo de los lenguajes, Smith se refiere explícitamente al principio de asociación de ideas. Las referencias de las *LRBL* corresponden a la *Glasgow Edition* publicada por Liberty Fund, según se detalla en la bibliografía.

visto, en lenguaje smithiano significa «de manera natural». Por tanto, el fundamento de los sustantivos universales, y su tradicional división en géneros y especies para Smith está dado por la semejanza entre los individuos y la capacidad asociativa de la imaginación[57].

Una vez organizados los objetos según dichos géneros y especies, para poder distinguir a un objeto particular de los demás fue necesario crear las palabras que denotan cualidad y relación, es decir, los adjetivos y las preposiciones. No obstante, siguiendo su particular enfoque explicativo, en estos casos Smith aclara que las palabras inventadas primeramente fueron aquellas que remiten a cualidades y relaciones en concreto, es decir, que términos como *verde* y *azul*, precedieron a *verdor* y *azulado*, así como *sobre* y *bajo* precedieron a *superioridad* e *inferioridad*. Estos sustantivos requieren un grado tal de abstracción y generalización que difícilmente puedan haber sido creados en los albores de las lenguas[58].

Posteriormente, Smith analiza las variaciones desinenciales de los sustantivos en las lenguas clásicas. El interés que le reporta esta característica lingüística radica en su caracterización como recurso para significar diferencias entre individuos, evitando un alto nivel de abstracción. Al variar la última parte del término que denota al sustantivo en general, tal recurso resulta para Smith más inmediato y natural en su invención, puesto que puede especificar un término general mediante la modificación del mismo término, como ocurre, por ejemplo, en las variaciones de género en latín[59]. La variación desinencial, por tanto, es una expresión que manifiesta «una analogía mucho más exacta con la idea o el objeto que denota»[60], al evitar agregar otro término abstracto al sustantivo original.

---

[57] Cfr. *HA*, pág. 49.
[58] Cfr. *LRBL,* pág. 10.
[59] Cfr. *LRBL*, pág. 11.
[60] Cfr. pág. 107 de esta edición.

Como la gran diversidad entre los objetos no podía ser expresada con el solo recurso de la variación desinencial sustantiva, necesariamente tuvieron que crearse los adjetivos. Ahora bien, lo importante a señalar en este punto es la explicitación del criterio por el cual se da esta evolución en el lenguaje. Afirma Smith:

> Los hombres les daban naturalmente las mismas terminaciones que a los sustantivos a los que se le aplicaban primeramente, y a partir de ese *amor a la similitud de sonido, de ese deleite por la repetición de las mismas sílabas, lo cual es el fundamento de la analogía en todas las lenguas,* tendían a variar la terminación del mismo adjetivo según necesitaran aplicarlo a un sustantivo masculino, femenino o neutro. (Lo destacado es nuestro)[61].

La semejanza, entonces, no solo es relevante para explicar la formación de términos generales mediante la asociación de objetos individuales, sino que además ayuda a entender las relaciones entre dichos términos según su expresión sonora. Esto significa que, como se sugirió anteriormente, las relaciones de semejanza no solo son importantes a nivel de la *forma,* sino también de la *materia* del lenguaje. Y esto es así precisamente porque Smith reconoce una especie de propensión natural hacia la semejanza, la cual se vincula con el placer generado por ella, de aquí las nociones de «amor y deleite por la similitud de sonido». El gusto por la captación de semejanzas, tanto a nivel de ideas/imágenes como a nivel sonoro, explica, pues, el desarrollo de las lenguas y, siendo esta una característica propia de la naturaleza humana, para Smith explica también los paralelos entre las diversas lenguas[62].

---

[61] Cfr. pág. 108 de esta edición.
[62] Cfr. Ibíd.

Continuando con su exposición, el escocés sostiene que las próximas palabras en ser inventadas, en orden creciente de abstracción, fueron las preposiciones. En este caso la novedad es que, a diferencia de los sustantivos y adjetivos, las preposiciones expresan relaciones en sí mismas, por lo que sus objetos no son captados por los sentidos. Esta singularidad explica que tales palabras sean más distantes para las capacidades humanas, lo que se condice con el mayor esfuerzo de abstracción, comparación y generalización requerido en su creación. A su vez, según Smith, esto permite entender la tardía aparición de las preposiciones en relación con los casos desinenciales de las lenguas clásicas, donde las nociones relacionales se manifestaban directamente como una variación de los sustantivos y adjetivos, economizando recursos abstractivos. Precisamente al describir el proceso de generalización de esta práctica de economía lingüística, Smith recurre una vez más a la noción de consecuencias no intencionadas:

[Esto] ocurrió sin ninguna intención o previsión por parte de aquellos que primeramente dieron el ejemplo, y que nunca pretendieron establecer una regla general. La regla general se establecería por sí misma de manera imperceptible, muy gradualmente, a causa de ese amor a la analogía y a la similitud de sonido, que es el fundamento más importante, por mucho, de la mayor parte de las reglas de la gramática[63].

Así como Hume explica el surgimiento de las normas de justicia a partir de propensiones humanas prerracionales, Smith ensaya una fundamentación genética de la gramática basada en el gusto por la semejanza de los sonidos[64].

---

[63] Cfr. pág. 111 de esta edición.

[64] Cfr. *TNH* pág. 659 y sigs. Comentarios interesantes sobre el desarrollo de las teorías del lenguaje y la justicia en Smith a partir del enfoque humea-

Pasando del análisis de los casos desinenciales a las conjugaciones verbales, Smith encuentra el mismo tipo de complejidad en las lenguas clásicas, complejidad determinada por el mismo principio: «La dificultad de formar términos abstractos y generales en los comienzos de la lengua»[65]. Desde esta perspectiva, sostiene que los primeros verbos en aparecer deben haber sido los impersonales, porque no requieren establecer una separación entre el sujeto y la acción, es decir, «expresan en una palabra un evento completo, que preserva en la expresión esa simplicidad y unidad perfectas que siempre existe en el objeto y en la idea»[66]. Es interesante notar que la separación entre sujeto y acción, que se manifiesta en la necesidad de utilizar dos palabras para expresar un único hecho, es considerado por Smith como algo «completamente artificial» y producto de «la imperfección del lenguaje». Esto es así porque la captación de un hecho conlleva los atributos de simplicidad y unidad, pero en su expresión mediante verbos personales «el significado se funda en cierto análisis metafísico de las partes componentes de la idea»[67]. El proceso de diferenciación conceptual en la expresión de un hecho, por tanto, no solo es considerado posterior a la captación original, sino también imperfecto. De acuerdo con esto, el despliegue de la razón en el uso del lenguaje tiene dos efectos: por un lado, permite un incremento de la capacidad expresiva al poder incorporar cada vez más determinaciones en los objetos y hechos concebidos, pero, por otro lado, a medida que aumenta su complejidad,

---

no pueden encontrarse en N. Phillipson, «Adam Smith: A Biographer's Reflections», ob. cit., págs. 28-29.

[65] Cfr. pág. 116 de esta edición.

[66] Cfr. pág. 117 de esta edición. Smith vuelve sobre esta idea en una carta dirigida a George Baird, fechada el 7 de febrero de 1763, discutiendo un resumen que le enviara William Ward de su futuro *Ensayo sobre gramática* (*Corr.*, págs. 87-88).

[67] Cfr. pág. 117 de esta edición.

pierde simplicidad y, por tanto, capacidad para dar cuenta de los fenómenos tal y como estos se presentan en la realidad.

Antes de continuar con el hilo argumental del ensayo, importa reparar en una nota de Smith que remite a su concepción epistemológica general. Refiriéndose a la situación actual de la lengua, en la que la mayoría de los verbos expresan un atributo de un evento antes que el evento en sí y, por lo tanto, requieren necesariamente un sujeto para completar su significado, critica a los gramáticos que llegan al absurdo de buscar un sujeto para todo tipo verbo, incluso para aquellos que no lo requieren. Esto sucede, afirma, porque dichos pensadores estaban «deseosos de que sus reglas comunes fuesen totalmente universales, y sin ninguna excepción»[68], y olvidando la historicidad propia que enmarca el desarrollo de la lengua incurren en un exceso de simplificación al pretender resguardar la perfecta coherencia de su sistema gramatical. Dicho de otra manera, estos gramáticos caen presos de su «espíritu de sistema», aplicando criterios epistémicos reduccionistas que desconocen un aspecto esencial del fenómeno a estudiar. En contraposición, el enfoque histórico-conjetural puesto en práctica por el propio Smith presentaría la ventaja de evitar tales reduccionismos. Más adelante se volverá sobre esta cuestión, dada su importancia para comprender el pensamiento smithiano en su conjunto.

Retomando el devenir argumental de las *CPFL*, Smith se refiere también a la invención de los pronombres personales, de los tiempos y modos verbales, y a la aparición de los verbos compuestos mediante la utilización de auxiliares. Todos estos fenómenos lingüísticos, junto con los descriptos anteriormente, están ligados en su génesis al mismo proceso de desarrollo desde lo cercano, concreto, simple y sintético, hacia lo más distante, abstracto, compuesto y analítico. Reflexionado sobre este proceso, Smith llega a enunciar una regla general: «Puede establecerse

---

[68] Cfr. pág. 119, nota 3 de esta edición.

como máxima que cuanto más simple sea una lengua en su composición, más compleja debe ser en sus declinaciones y conjugaciones, y, por el contrario, cuanto más simple en sus declinaciones y sus conjugaciones, más compleja será en su composición»[69].
Para completar su idea, se vale aquí de una analogía mecánica,
comparando el desarrollo de las lenguas con el perfeccionamien-
to de las máquinas. En un primer momento, estas pueden resultar muy complejas y requerir de muchos elementos para concre-
tar sus movimientos. Pero con el tiempo, los técnicos descubren
diversos modos de economizar recursos logrando la misma cantidad de movimientos, de manera tal que, aunque las relaciones
entre sus partes sean más complejas, la máquina se vuelve más
simple en su conjunto.

No obstante, es importante remarcar que, para Smith, la analogía mecánica respecto de los lenguajes no es estricta. Esto es así
ya que, en el caso de las máquinas, el proceso de economía y simplificación es siempre progresivo, pues tiende siempre a perfec-
cionarlas. En contraposición, en el caso de las lenguas, el proceso de simplificación resulta regresivo para muchos propósitos del
lenguaje[70]. Smith apoya su evaluación en tres argumentos. En
primer lugar, sostiene que tal simplificación vuelve a las lenguas
más perifrásticas, es decir, necesitan relativamente más palabras
para expresar las mismas cosas. Este incremento en la incorpora-
ción de términos disminuye la elocuencia de las lenguas modernas en comparación con las clásicas, dado que «la belleza de una
expresión depende de su concisión»[71]. En segundo lugar, pero estrictamente relacionado con lo anterior, afirma que la simplificación hace a las lenguas menos agradables al oído, al perderse la
variedad de las terminaciones propias de las lenguas desinencia-

[69]   Cfr. pág. 125 de esta edición.
[70]   Cfr. *LRBL*, pág 13
[71]   Cfr. pág. 128 de esta edición.

les[72]. Por último, las lenguas preposicionales presentan menos posibilidades para modificar el orden de los términos, lo que incide en una menor flexibilidad para la composición —particularmente en verso— y, consecuentemente, menor capacidad para lograr cierto efecto estético mediante la combinación de sonidos.

Habiendo hecho esta síntesis de las principales tesis de las *CPFL*, conviene recapitular lo dicho hasta aquí sobre el origen y desarrollo de las ciencias y de las lenguas con el objeto de identificar más claramente ciertas ideas que permean las argumentaciones smithianas y que serán importantes para entender mejor los fundamentos de sus escritos económicos.

Un primer punto a destacar radica en la insistencia de Smith en señalar los límites de las capacidades humanas, lo que se manifiesta en la tendencia a priorizar lo concreto, próximo/familiar y particular, *i.e.*, lo que más intensamente afecta la sensibilidad, frente a lo abstracto, distante/extraño y general. Esto supone, por una parte, que el proceso evolutivo de las ciencias y de las lenguas conlleva un notable esfuerzo para pasar de lo concreto a lo abstracto, y por otra parte, implica dar relevancia teórica a factores explicativos derivados del núcleo imaginativo-pasional de la naturaleza humana, lo que diferencia a la perspectiva filosófica smithiana de concepciones racionalistas *more cartesiano*.

En segundo lugar, como pudo constatarse en varias ocasiones, la idea de derivar la mayor cantidad de efectos a partir de la menor cantidad posible de causas o, en términos más smithianos, reunir la mayor cantidad de fenómenos mediante la menor cantidad de principios conectivos, es fundamental a la hora de comprender el devenir de los sistemas epistémicos. Esto es así en gran medida porque de este modo se alcanza la unidad y simplicidad relativas a las tendencias naturales indicadas en el análisis del ensayo sobre la astronomía. Sin embargo, inmediatamente debe recordarse que Smith fue cauto al advertir sobre los

---

[72] Cfr. *LRBL*, pág. 21.

excesos en la aplicación del principio de parsimonia, lo que, a su vez, deriva en una llamada hacia la complementación mediante otros criterios para dar cuenta de la dirección evolutiva (progresiva o regresiva) de un sistema. Por ejemplo, en el caso de la astronomía, el sistema cartesiano logró economizar principios como ninguno hasta su época, pero no resistió al criterio de la contrastación empírica como lo hizo el newtoniano. De análogo modo, las lenguas romances ganan simplicidad en cierto sentido, respecto de las clásicas, pero lo pierden en otro, por ser más analíticas que sintéticas. En este último caso, el criterio estético-persuasivo es utilizado como contrapeso en la evaluación del desarrollo de los sistemas lingüísticos modernos. En síntesis, el principio de economía debe ser aplicado considerando las características antropológicas señaladas en el punto anterior.

En tercer lugar, las consideraciones acerca de la belleza de las teorías científico-filosóficas y de las posibilidades compositivas de las lenguas por parte de Smith muestran que el criterio estético ocupa un lugar destacado a la hora de comprender la evolución de ambos productos humanos. Pero una vez más, debe destacarse que la idea de belleza remite a una sensación placentera que, aunque vinculada a la captación de la simetría o utilidad de ciertos elementos, en sí misma no depende tanto de una comprensión racional cuanto de la actividad de la imaginación y su permeabilidad hacia percepciones de diversa intensidad[73].

---

[73] En cuanto a la relación entre la reflexión estética y epistemológica, como se sugirió al comienzo, la imbricación entre ambos campos es una característica muy particular de la *Ilustración escocesa*. En este sentido, además de las ideas de Hume, debe recordarse, por una parte, que Hutcheson desarrolló sus argumentaciones sobre el «sentido moral» utilizando el modelo de sus investigaciones previas sobre la idea de belleza. Por otra parte, usualmente menos reconocida —pero no por ello menos significativa— fue la influencia que en la época tuvo Joseph Addison (1672-1719), mediante la serie de artículos publicados en 1712 en *The Spectator* titulados «The Pleasures of the Imagination». En ellos Addison efectúa una revaluación de la facultad

Por último, las explicaciones a partir de consecuencias no intencionadas de las acciones humanas vinculadas con las limitaciones gnoseológicas y prácticas humanas. Los productos de las acciones humanas se entienden como efectos de causas inmediatas antes que mediatas, lo que, en clave smithiana, significa relacionarlos más estrechamente con la sensibilidad y el deseo que con la racionalidad y la voluntad. Consecuentemente, la historia de los sistemas producidos por los seres humanos será la historia de un proceso gradual —natural—, y aunque los cambios abruptos de tendencia no serán vistos como improbables, se juzgarán según la progresividad/regresividad del sistema y su fundamento antropológico.

4. EL *BORRADOR,* LOS *FRAGMENTOS* Y EL FUNDAMENTO LINGÜÍSTICO DE LA DIVISIÓN DEL TRABAJO

En su discurso ante la *Reunión Anual de la Sociedad Económica Real* del 23 de mayo de 1935[74], W. R. Scott daba cuenta de su «enorme placer» al anunciar el hallazgo de «un borrador muy preliminar [*very early draft*] de lo que posteriormente se transformó en la *Riqueza de las naciones*»[75]. Allí Scott comenta las circunstancias en que descubrió el texto smithiano

_____

imaginativa, en principio desde una perspectiva estética, pero que, por la propia dinámica de la reflexión, termina desbordando dicho ámbito, dirigiéndose hacia la cuestión antropológica más general. Tanto Hutcheson como Hume y Smith conocieron y valoraron las contribuciones de Addison, hasta tal punto que en su «Introducción» a la TSM de la *Glasgow Edition* (Nota 11, pág. 15) Raphael y Macfie afirman que el término *Impartial Spectator,* fundamental en la ética smithiana, puede haber sido sugerido a Smith por los trabajos de Addison.

[74] Dicho discurso, titulado «The Manuscript of an Early Draft of Part of the *Wealth of Nations*», aparecería en septiembre del mismo año en el vol. 45, núm. 179, de *The Economic Journal*, págs. 427-439.

[75] Ídem, pág. 427.

y, a continuación, presenta una comparación entre el contenido del borrador, las *LJ* B publicadas por Cannan y la *RN*. Al año siguiente, en su discurso presidencial en la misma *Reunión Anual*, Scott vuelve sobre Adam Smith[76] y menciona el descubrimiento de otros fragmentos de la obra del autor, entre los que figuran aquellos sobre la división del trabajo[77]. Dos años más tarde, dentro de su libro *Adam Smith as Student and Professor*, Scott publicó el manuscrito de lo que a partir de entonces se conocería como el *Early Draft* (*ED*) junto con los dos fragmentos sobre la división del trabajo[78].

Parece haber acuerdo generalizado entre los especialistas en cuanto a la datación del *ED*, habiéndose establecido en 1763[79], es decir, antes del viaje que Smith emprendiera rumbo a Francia y Suiza como tutor del duque de Buccleuch, donde tomó contacto con Quesnay y demás economistas fisiócratas, entre otras renombradas personalidades de las letras europeas. No hay tal acuerdo, en cambio, sobre la datación de los *Fragmentos*. En un principio, Scott sugirió que estos correspondían al período en que Smith fue conferenciante en Edimburgo, entre 1749 y 1751, pero posteriormente Meek, Raphael y Stein sostuvieron, de manera bastante convincente, que pertenecían a una época más cercana a la del *ED*[80].

---

[76] W. R. Scott, «New Light on Adam Smith», *The Economic Journal*, vol. 46, núm. 183, Sep., 1936, págs. 401-411.

[77] Ídem, pág. 408.

[78] Para más detalles sobre el hallazgo de estos textos, además de los artículos y del libro de Scott ya citados, conviene consultar las introducciones de R. L. Meek, D. D. Raphael y P. G. Stein a los textos contenidos en el vol. V de la *Glasgow Edition*, que incluye tanto las dos versiones de las *LJ* como así también un apéndice con el *ED* y los *Fragmentos*.

[79] R. L. Meek, D. D. Raphael y P. G. Stein incluso afirman que podría haber sido escrito antes de abril de ese año. Ídem, pág. 561.

[80] Ibíd.

Según los editores del *ED* en la *Glasgow Edition*, este texto sería un «intento preliminar y más bien provisional de Smith para convertir el material "económico" que se encuentra en sus lecciones sobre jurisprudencia en forma de libro»[81]. En efecto, en los dos reportes de las *LJ* pueden encontrarse paralelos con muchas de las temáticas y pasajes incluidos o sugeridos en el *ED*. En un artículo anterior a la edición de la *Glasgow Edition* —al que allí se remite—, Meek y Skinner se encargan de analizar las relaciones y correspondencias entre el *ED*, los *Fragmentos*, las *LJ* y la *RN* con el objetivo primordial de rastrear el desarrollo de la idea de la división del trabajo en las distintas etapas de la reflexión económica smithiana[82].

Por su parte, Fernández López[83] propuso un «enfoque tectónico» para identificar las diversas «placas» (ejes temáticos) que componen el *ED* y rastrear los «movimientos» a los que se vieron afectadas hasta llegar a la estructuración de la *RN*. Mediante este abordaje, el autor intenta arrojar luz sobre la evolución de las

[81] Ibíd. En este sentido, ya Stewart había dicho: «En la última parte de sus lecciones examinaba las reglamentaciones políticas que no se basan sobre el principio de la justicia, sino sobre el de la conveniencia, cuyo objetivo es incrementar la riqueza, el poder y la prosperidad de un Estado. Analizaba las instituciones políticas relacionadas con el comercio, las finanzas, las organizaciones eclesiásticas y militares. Lo que opinaba sobre estos temas era la sustancia del libro que publicó después bajo el título de *Una investigación sobre la naturaleza y las causas de la riqueza de las naciones»*. *Relación*, pág. 233.

[82] «The Development of Adam Smith's Ideas on the Division of Labour» y se publicó originalmente en *Economic Journal*, 83, en 1973; fue republicado en el libro de Meek, *Smith, Marx and After* (1977), y pasó luego a conformar el capítulo 6 del libro de Skinner titulado *A System of Social Science*, ob. cit.

[83] «The Making of the *Wealth of Nations»*, ponencia presentada en la Reunión Anual de la Asociación Argentina de Economía Política, Mendoza, 1998, http://www.aaep.org.ar/anales/works/works1998/fernandez-lopez.pdf

ideas económicas smithianas, destacando particularmente la influencia fisiócrata en la conformación de la obra de 1776[84].

Teniendo en cuenta lo anterior, y de acuerdo con el enfoque general de este estudio introductorio, a continuación se tratará de ubicar algunas de las tesis más relevantes presentes en los textos aquí editados en el marco más amplio de la filosofía smithiana según se ha venido esbozando.

El *ED* comienza con una afirmación contundente: el estándar de vida mínimo del individuo más humilde de una sociedad civilizada no puede ser cubierto únicamente mediante el trabajo de ese individuo aislado. Esto marca dos cuestiones claves desde el inicio de las indagaciones económicas smithianas: por un lado, en consonancia con lo dicho sobre el origen de las lenguas, la importancia del carácter social de la naturaleza humana y, por otro, el tipo de sociedad que se pretende analizar, en este caso, una sociedad civilizada.

Partiendo de esta base, Smith plantea una paradoja que, según se ha visto anteriormente, en sus propios términos epistémicos puede interpretarse como una situación sorpresiva, puesto que ocurren conjuntamente dos fenómenos aparentemente contradictorios, lo que moviliza a la imaginación a plantear alguna hipótesis explicativa. La paradoja consiste en lo siguiente: en una sociedad primitiva los individuos son dueños del producto total de su trabajo, pero, a pesar de ello, no pueden obtener la «cantidad de comodidades y cosas necesarias para la vida» a las que acceden las personas más humildes en una sociedad civilizada (obreros y campesinos), cuyo trabajo no solamente las mantiene a ellas mismas, sino que, según Smith, sostienen además tanto los lujos de los capitalistas como la renta de los terratenientes. Dicho de otra forma, aunque en una sociedad civilizada el pro-

---

[84] Al lector interesado en un análisis comparativo minucioso de los textos económicos de Smith lo remitimos a los artículos mencionados en este apartado.

ducto del trabajo se distribuye de manera inequitativa, de modo
tal que «aquellos que más trabajan reciben menos»[85], las personas que están en la base de la pirámide socioeconómica, empero,
poseen un mayor nivel de vida («mayor opulencia») que el individuo de mayor jerarquía en una sociedad primitiva.

La respuesta a esta cuestión será, pues, el tema fundamental tanto del *ED* como de los *Fragmentos*: la división del trabajo. Para ilustrar su idea, y destacar los efectos positivos de la
división del trabajo para el incremento de la opulencia pública, Smith introduce el caso de la fábrica de alfileres, el que, a
partir de su inclusión en la *RN*, se convertiría en referencia in-
eludible sobre esta cuestión para la posteridad[86]. Mediante una
detallada descripción de las posibilidades para la separación y
especialización de tareas en la producción de alfileres, Smith
destaca los efectos inmediatos de la división del trabajo, vin-
culando el incremento en la productividad con la disminución
del costo y, por tanto, del precio del producto. El gran incremento en la capacidad de producción de los trabajadores posi-
bilitaría que sus salarios se eleven y, a su vez, que la sociedad en
su conjunto se beneficie al disponer de una mayor cantidad de
bienes producidos[87].

A partir de lo anterior, Smith concluye que la división del trabajo permite resolver una aporía debida a «los prejuicios vulgares y las reflexiones superficiales»[88]: la supuesta incompatibilidad
entre el incremento de salarios y la disminución de precio de los
productos. En efecto, para el autor existe una gran asimetría en-

[85]   Cfr. pág. 136 de esta edición.
[86]   *RN*, págs. 8-9. Este ejemplo aparece también en *LJ* A, págs. 388-389,
LJ B, págs. 136-137.
[87]   Aunque el escocés guarda cierta cautela en la descripción de este proceso: «No quiero decir que las ganancias se dividan de hecho estrictamente
de esta manera, sino que podrían dividirse de esa forma.» Cfr. pág. 141 de
esta edición.
[88]   Cfr. pág. 141 de esta edición.

tre el incremento de la producción generado por la especialización y el aumento en la retribución del trabajo correspondiente, siendo mucho mayor la primera que la segunda. Para explicar
esta desproporción, en un primer momento Smith remite a tres
circunstancias relativas a la efectividad del trabajo: «la gran habilidad y juicio» con que este se aplica, su sostenimiento por «la
concurrencia y la fuerza unida de una gran sociedad» y, especialmente, la asistencia de «innumerables máquinas»[89].

En este contexto, la insistencia smithiana en los efectos de
la división del trabajo debe entenderse a la luz de su consabi-
do enfrentamiento, tanto a nivel teórico como práctico, con el
mercantilismo. En efecto, el escocés equipara la opulencia pública con «el alto precio del trabajo» o con «la gran recompensa al trabajo y, consecuentemente, la gran capacidad de compra que ocasiona», llegando a establecer la siguiente máxima:
«Cuanto más opulenta sea la sociedad, más caro será siempre
el trabajo y más barato el producto»[90]. Una vez dicho esto, sostiene que la pérdida comercial que pueden haber tenido las naciones opulentas frente a las naciones más pobres no pudo de-
berse a la opulencia de una y a la pobreza de la otra *per se;* más
bien tiene que haber sido consecuencia de un mal manejo en la
política impositivo-comercial de las propias naciones perjudi-
cadas. Dicho de otra manera, al basar la opulencia pública en
el trabajo, Smith está criticando los fundamentos teóricos del
sistema mercantilista (en este caso, que la riqueza consiste en la
cantidad de dinero metálico en las arcas del Estado), lo que le
permite hacer un diagnóstico muy distinto de la situación de
las economías más avanzadas de la época y, consecuentemen-

---

[89] Cfr. pág. 141 de esta edición. Cabe recordar que James Watt (1736-
1819), reconocido fundamentalmente por sus desarrollos sobre la máquina de
vapor, trabajó para la Universidad de Glasgow y fue amigo de Smith.
[90] Cfr. págs. 141-142 de esta edición.

te, oponerse a muchas de las políticas propiciadas por los mercantilistas.

Al considerar las causas detrás de tan asombroso incremento en la productividad derivada de la división del trabajo, Smith destaca tres aspectos:

1. La «mejora de la destreza» de los trabajadores, al especializarse en una única labor.

2. El «ahorro de tiempo» que se produce al no tener que alternar entre tareas diversas.

3. La utilización de máquinas que, a su vez, deben su invención a la propia división del trabajo, dado que, al decir de Smith: «Cuando todo el poder de la mente se dirige a un objetivo particular, como debe ocurrir a consecuencia de la división del trabajo, la mente está más dispuesta a descubrir el método más fácil para alcanzar ese objetivo que cuando su atención se dispersa entre una gran variedad de cosas»[91].

Una vez expuestos los benéficos efectos de la división del trabajo para la opulencia nacional y señaladas las causas del incremento en la productividad que supone, Smith platea su tesis acerca de la génesis de la división del trabajo, y aquí aparecen más claramente los vínculos con el enfoque epistémico y antropológico smithiano que se vino señalando desde el inicio de esta presentación. Dice el autor:

Esta división del trabajo de la que resultan tantas ventajas no es originalmente el efecto de la sabiduría humana que prevé y tiene la intención de alcanzar esa opulencia general que posibilita. Es la consecuencia necesaria, aunque muy lenta y gradual, de cierto principio o propensión en la naturaleza humana, que no tienen en vistas tan amplia utilidad. Esta es una propensión común a todos los hombres, y

---

[91] Cfr. pág. 146 de esta edición.

que no se encuentra en ninguna otra raza de animales: una propensión a trocar, permutar e intercambiar una cosa por otra[92].

Lo primero que interesa destacar de este pasaje es la comparación del ser humano con el resto de los animales. Para obtener lo que desean, estos últimos solo cuentan con un medio de persuasión: ganarse la «amabilidad y favor» de los otros; dicho de otra manera, solo pueden apelar a la benevolencia de los demás. El hombre, en cambio, aunque también cuenta con ese recurso para procurarse de aquello que necesita, aclara Smith, no puede utilizarlo constantemente: «Tan menesterosa es su situación natural que en todo momento necesita de la cooperación y asistencia de grandes multitudes, mientras que su vida entera es escasamente suficiente como para ganarse la amistad de unas pocas personas»[93].

De manera similar a Hume, Smith compara la indefensión del ser humano individual respecto del resto de los animales[94]. Esta debilidad fue suplida por la naturaleza mediante la tendencia original a la vida social. Pero aquí se constata otra paradoja: esta interdependencia individual, que entre los seres humanos resulta imprescindible para asegurar la continuidad de la especie, no puede asegurarse por relaciones absolutamente desinteresadas, sino que requiere de motivaciones para la acción social más potentes que la sola benevolencia, lo que, al mismo tiempo, no implica negar la importancia de esta última, sino, en todo caso, señalar los límites en su rango de influencia —de allí la referencia a la amistad en la cita anterior—. En efecto, afirma Smith, las personas obtendrán lo que necesitan de los demás «de manera mucho más probable» apelando a su egoísmo (self-love), es decir, a la consecución de su propio interés, antes que a su be-

---

[92] Cfr. pág. 148 de esta edición.
[93] Cfr. pág. 149 de esta edición.
[94] Véase *TNH,* pág. 653.

nevolencia. Es en este contexto en el que Smith incluye el pasaje sobre el egoísmo del carnicero, el cervecero y el panadero, que se haría tan famoso como controvertido a partir de la *RN*[95].

La segunda cuestión que importa señalar es la tesis smithiana según la cual no corresponde a la sabiduría humana ser causa eficiente de la división del trabajo, ya que los individuos no pueden prever los efectos positivos derivados de su acción[96]. La división del trabajo se produce «gradual, necesaria y lentamente» gracias a una propensión natural, la «propensión a trocar, permutar e intercambiar»[97]. Debe subrayarse al respecto la vivacidad con que Smith expresa los límites de la razón humana. Tanto a nivel epistémico como moral, sería un error pensar que el único y/o más poderoso motivo de acción para los hombres se halla en la consecución de su interés mediante un cálculo utilitario. Y si esto es así a nivel individual, mucha menor eficacia debería atribuirse a una motivación derivada de la consideración de una mayor utilidad para el conjunto de la sociedad. Por tanto, la causa de la división del trabajo no puede ser un razonamiento abstracto/lejano, sino que debe ubicarse entre los principios que conforman el núcleo imaginativo-pasional de la naturaleza humana. Precisamente esto es lo que hace al postular la existencia de una propensión natural a permutar, cambiar y negociar.

En la *RN*, inmediatamente después de referirse al origen de la división del trabajo, Smith aclara que no se ocupará allí del problema relativo al estatuto de aquella propensión a trocar, es decir, si se trata propiamente de un principio innato del ser huma-

---

[95] Para una comprensión más acabada de los alcances y límites de la motivación egoísta en el marco general de la concepción moral smithiana, puede verse Leonidas Montes, «Adam Smith: Self-interest and the Virtues», en Ryan P. Hanley (ed.), ob. cit., págs. 138-156.

[96] Esta misma idea se encuentra en *RN*, pág. 14, *LJ* A, págs. 395, 399 y *LJ* B, pág. 140.

[97] Cfr. pág. 148 de esta edición y *RN*, pág. 16.

no o, más bien, un efecto de sus facultades discursivas[98]. Pero en las *LJ* fue más explícito al respecto:

> Si investigáramos sobre el principio de la mente humana sobre el que se basa esta disposición al cambio, sería claramente la inclinación natural, que cada uno tiene, a persuadir. La oferta de un chelín, que para nosotros parece que tiene un sentido tan claro y simple, es ofrecer un argumento, en realidad, para persuadir a alguien de hacer tal o cual cosa porque le interesa. Los hombres siempre se esfuerzan en persuadir a los otros de que sean de su opinión, incluso cuando el asunto no les afecta[99].

La disposición a trocar se entiende, por tanto, como un efecto de una propensión anterior, la inclinación a persuadir. De esta manera, todo intercambio comercial estaría guiado, en última instancia, por un deseo natural de hacer que los demás acepten el punto de vista personal.

Ahora bien, esta no es la primera vez que en la obra smithiana se encuentra una consecuencia socialmente relevante derivada del deseo de persuasión. En la *TSM*, Smith sostiene que uno de los más fuertes impulsos inherentes a la naturaleza humana es el

---

[98] Ibíd. De hecho allí se inclina por la segunda opinión.

[99] *LJ* A, pág. 400 (Las referencias de los dos reportes de las *LJ* corresponden a las versiones castellanas, según se indica en la bibliografía). A renglón seguido afirma: «Estás incómodo cuando alguien difiere de ti e intentas persuadirlo para que sea de tu opinión; o, si no lo haces, es por un cierto grado de autodominio, y para esto se educa a cada uno a lo largo de su vida. De este modo, adquieren una cierta destreza y habilidad en dirigir sus asuntos o, en otras palabras, en la dirección de los hombres; y esta es totalmente la práctica de todos los hombres en los asuntos más ordinarios». Asimismo, en la *RN*, pág. 348, dice: «El orgullo del hombre le hace desear el dominio [*love to domineer*], y nada le mortifica tanto como no poder mandar, y verse obligado a condescender persuadiendo a sus inferiores. Por esta razón, allí donde las leyes lo permiten y la naturaleza de la obra no lo repugna, se prefiere generalmente el servicio del esclavo al del hombre libre». Véase además: *LJ* A, págs. 223, 229-230.

deseo de ser considerado por los demás, de obtener la aprobación de los otros miembros de la sociedad. Para lograr tal objetivo, la mayoría de los individuos dedica gran parte de sus esfuerzos en aumentar sus riquezas, al conectar y confundir las nociones de «posesión de bienes» y «felicidad», a través de una «ilusión de la imaginación». Al respecto, afirma Smith:

El deseo de ser creídos, el deseo de persuadir, de encabezar y dirigir a otras personas parece ser uno de nuestros deseos naturales más intensos. Acaso sea el instinto sobre el que se funda la facultad del habla, la facultad característica de la naturaleza humana. Ningún otro animal la posee y no podemos encontrar en ningún animal el deseo de encabezar y dirigir la opinión y conducta de sus semejantes. La gran ambición, el anhelo de la verdadera superioridad, de encabezar y dirigir, parece totalmente particular del ser humano, y el habla es el principal instrumento de la ambición, de la verdadera superioridad, el instrumento para encauzar y dirigir los juicios y la conducta de los demás[100].

La clara consciencia de Smith sobre la importancia del lenguaje para la comprensión de la naturaleza humana, en su carácter intrínsecamente social, abre el horizonte hacia su concepción simpatética de la moral y de la acción humana en general[101], a la vez que muestra la necesidad de una lectura integral de su obra para entender más acabadamente la significación de muchas de sus ideas económicas. En este sentido, han sido particularmente relevantes las discusiones en torno a las relaciones entre la *TSM* y la *RN,* pasando desde las críticas hacia una supuesta incompatibilidad («Das Adam Smith Problem») hasta las visiones actuales que, descartando tal incompatibilidad, están más preocupadas

---

[100]   *TSM,* pág. 570.
[101]   Cfr. Ch. Griswold, «Imagination: Morals, Science, and Arts», ob. cit., pág. 35.

por entender las múltiples relaciones entre tales textos («The New Adam Smith Problem»). No obstante, tanto las cuestiones epistémicas planteadas en los ensayos como las indagaciones sobre el lenguaje presentes en las *CPFL* y en las *LRBL,* abren nuevos interrogantes y exigen ampliar la mirada sobre las temáticas abordadas por Smith[102].

Como se trató de mostrar, desde un punto de vista metodológico y epistemológico, Adam Smith utilizó un enfoque histórico-conjetural para explicar diversos fenómenos sociales, mediante el planteamiento de hipótesis superadoras a propuestas alternativas según determinados criterios epistémicos. Precisamente la *HA* permite identificar dichos criterios y comprobar su eficiencia práctica, mientras que las *CPFL* muestran a Smith construyendo sus propias hipótesis según las prescripciones epistémicas señaladas, *i.e.,* familiaridad de los principios explicativos (relación con el núcleo imaginativo-pasional de la naturaleza humana), aplicación «prudente» del principio de parsimonia, coherencia y belleza de la teoría, y grado de contrastación empírica.

De análogo modo, tanto la *TMS* como la *RN* pueden interpretarse desde esta perspectiva. En efecto, en el primer caso Smith presenta un sistema explicativo acerca del origen de las normas morales basado en el principio de simpatía, el cual in-

---

[102] Griswold, por ejemplo, ha llamado la atención sobre la existencia de un segundo «Adam Smith Problem», *i.e.,* la relación entre la teoría moral y la teoría retórica del escocés: «Smith and Rousseau in Dialogue: Sympathy, Pitié, Spectatorship and Narrative», en V. Brown y S. Fleischacker (eds.), *The Philosophy of Adam Smith. The Adam Smith Review,* vol. 5: Essays Commemorating the 250th Anniversary of The Theory of Moral Sentiments, Londres, Routledge, 2010, pág. 73. Para un análisis del comienzo de la *RN* (aplicable en gran medida también al *ED* y los *Fragmentos*) desde la perspectiva retórica del propio Smith, véase Lisa Herzog, «The Community of Commerce. Smith's Rhetoric of Sympathy in the Opening of the *Wealth of Nations*», *Philosophy and Rhetoric*, 46: 1, 2013, págs. 65-87.

tenta ser superador respecto de las teorizaciones elaboradas históricamente, lo que queda claro a partir de su análisis crítico de
los sistemas morales en la Parte VII de dicha obra[103]. Sistemas
tan distintos como los de Platón, los estoicos, Hobbes, Mandeville y Hutcheson, por mencionar solo algunos, implican reduccionismos teóricos fundados, a su vez, en un error antropológico:
sobredimensionar las capacidades de la razón humana, sea por
considerarla principio explicativo único del obrar humano dentro de la teoría misma, sea por los excesos de simplificación en la
construcción de la teoría.

Smith denuncia que al establecer sus hipótesis explicativas los
filósofos tienden a abusar de abstracciones simplificadoras por
sucumbir a los excesos de una propensión natural, *i.e.,* conectar la mayor cantidad de fenómenos posibles con el menor número de principios conectivos. Aplicando indiscriminadamente
el principio de parsimonia en la moral, los filósofos buscan explicar toda conducta a través de una única causa —sea cual fuere—, perdiendo de vista la complejidad de la realidad humana,
según sus condiciones y límites. Dicho de otra manera, se dejan
llevar por un «espíritu de sistema». Ante esto, pues, Smith propone una teoría de los sentimientos morales fundada en la capacidad simpatética de la imaginación que permite explicar el surgimiento de las normas morales a partir de los criterios de mérito

---

[103] Allí afirma: «Si estudiamos las más famosas y notables teorías que
han sido planteadas a propósito de la naturaleza y origen de nuestros sentimientos morales, comprobaremos que casi todas coinciden con alguna de las
partes de la teoría que he intentado exponer aquí, y que si todo lo que ya se
ha dicho es tomado en consideración, no tropezaríamos con dificultad alguna para explicar qué visión o aspecto de la naturaleza llevó a cada autor a edificar su doctrina particular. Como todos se fundan, en ese sentido, en principios naturales, todos son en alguna medida correctos, pero como muchos de
ellos se derivan de una perspectiva parcial e imperfecta de la naturaleza, muchos están en algunos aspectos equivocados». *TSM*, pág. 459.

y corrección de las acciones, mediados y universalizados a través de la figura del «espectador imparcial»[104].

Por su parte, para dar cuenta de la «naturaleza y causas de la riqueza de las naciones», Smith propone su «sencillo y obvio sistema de la libertad natural»[105], en oposición tanto a la concepción mercantilista como a la fisiócrata. Como se ve ya desde el *ED* y los *Fragmentos,* dicho sistema descansa en las ventajas productivas generadas por la profundización en el proceso de división del trabajo, junto a —y retroalimentado por— un incremento en la extensión de los mercados. Pero estas condiciones para el logro de la opulencia nacional se fundan, a su vez, en la mencionada disposición a «trocar, permutar e intercambiar», en cuanto propensión de una naturaleza humana intrínsecamente social y comunicativa, pasional e imaginativa. De aquí que el resorte motivacional de la persecución del interés personal, que funciona en la *RN* como un principio explicativo elemental, deba entenderse principalmente —no exclusivamente— a través de la eficiencia de las denominadas «pasiones egoístas» más que como el resultado de una elección racional perfectamente consistente basada en un cálculo utilitarista. En este sentido, las hipótesis smithianas sobre la naturaleza y causas de la riqueza de las naciones cumplirían con las condiciones epistémicas de, por un lado, asentarse en los principios más profundos de la naturaleza humana, lo que significa, a su vez, respetar los límites cognitivos y prácticos propios del ser humano (dando lugar a las explicaciones de tipo «mano invisible»). Y por otro lado, aplicar el principio de parsimonia prudentemente, cosa que en la *RN* se manifiesta particularmente de dos maneras: en la advertencia que realiza en el Libro V sobre los peligros para la nación de un exceso en la división del trabajo, por una parte[106], y los matices que reconoce en

---

[104] Véase *v. gr., TSM,* págs. 221-222, 244-245, 496.
[105] Véase *RN,* pág. 612
[106] *RN,* págs. 687-688.

cuanto al libre funcionamiento de los mercados, junto con una visión más bien pragmática sobre la intervención estatal en economía, por otra[107].

En base a lo anterior, puede decirse que la complejidad de las teorizaciones smithianas se pone de manifiesto especialmente en sus ideas sobre la intervención político-práctica. Para comprender mejor su posición, en primer lugar, conviene dirigirse a la confrontación propuesta en la *TSM* entre, por un lado, la figura del hombre doctrinario y, por otro, la del buen legislador.

Los políticos pueden adoptar, según Smith, dos actitudes con respecto al gobierno de la sociedad como conjunto de individuos y grupos con intereses no siempre coincidentes. El hombre doctrinario

se da ínfulas de muy sabio y está casi siempre tan fascinado con la supuesta belleza de su proyecto político ideal que no soporta la más mínima desviación de ninguna parte del mismo. Pretende aplicarlo por completo y en toda su extensión, sin atender ni a los poderosos intereses ni a los fuertes prejuicios que puedan oponérsele. Se imagina que puede organizar a los diferentes miembros de una gran sociedad con la misma desenvoltura con que dispone las piezas en un tablero de ajedrez. No percibe que las piezas del ajedrez carecen de ningún otro principio motriz salvo el que les imprime la mano, y que en el vasto

---

[107] A propósito, es muy significativa la lectura de la economía smithiana que realiza Murray Rothbard, desde la escuela austríaca, ya que critica fuertemente la imagen habitual de Smith como un «campeón del *laissez-faire*», según la expresión de Eric Roll. Contra esto, Rothbard enumera múltiples formas de intervención estatal aceptadas y/o promovidas en la *RN*, además de «una lista especialmente larga de impuestos, cada uno de los cuales interfiere en el mercado libre». Murray Rothbard, *Historia del pensamiento económico*, vol. I, Madrid, Unión Editorial, 1999, pág. 512. Un aporte reciente sobre esta discusión puede encontrarse en Carlos Rodríguez Braun, «Otro problema de Adam Smith: el liberalismo», 2016, http://www.carlosrodriguezbraun.com/files/2011/05/AS-y-liberalismo-PDF-libro.pdf?fed7e3

tablero de la sociedad humana cada pieza posee un principio motriz propio, totalmente independiente del que la legislación arbitrariamente elija imponerle[108].

Esta llamada de atención hacia las excesivas pretensiones de los políticos deriva directamente de sus presupuestos sobre las limitaciones cognoscitivas humanas y, por tanto, de su metodología aplicada al estudio del hombre en sociedad. Cada individuo tiene un principio eficiente intrínseco, de manera tal que solamente él conoce aquello que le conviene en cada situación, *i.e.,* los medios para alcanzar su bienestar y el de la sociedad. La comparación de los individuos con las piezas de ajedrez permite a Smith advertir al legislador sobre los peligros que para la sociedad puede acarrear su vanidad y sobreestimación de un sistema ideal que, como tal, pierda de vista el componente irreductible de indeterminación en la conducta humana[109].

En contraposición al proceder del hombre doctrinario, la actitud de un legislador prudente puede resumirse de la siguiente manera:

La persona cuyo espíritu cívico es incitado exclusivamente por la humanidad y la benevolencia respetará los poderes y privilegios establecidos, incluso de los individuos y más aún de los principales

---

[108]   *TSM*, pág. 407.
[109]   Resulta interesante notar que Stewart hace referencia en su biografía a un manuscrito de Smith de 1755 en el que se adelantarían muchas de las ideas contenidas de la *Riqueza*, y del cual no tenemos más noticias que los pocos párrafos citados por el propio Stewart. Entre estos aparece la siguiente idea: «El ser humano es generalmente considerado por políticos y proyectistas como el material de una suerte de mecánica política. Los proyectistas perturban la naturaleza en el curso de sus operaciones en los asuntos humanos, y lo único que se necesita es dejarla en paz y permitirle un juego limpio en la persecución de sus fines, de modo que pueda establecer sus propios designios». *Relación,* pág. 280.

grupos y clases en los que se divide el Estado. Aunque considere que algunos de ellos son en cierto grado abusivos, se contentará con moderar lo que muchas veces no podrá aniquilar sin gran violencia. Cuando no pueda vencer los enraizados prejuicios del pueblo a través de la razón y la persuasión, no intentará someterlo mediante la fuerza sino que observará religiosamente lo que Cicerón llamó con justicia la divina máxima de Platón: no emplear más violencia contra el país de la que se emplea contra los padres. Adaptará lo mejor que pueda sus planes públicos a los hábitos y prejuicios establecidos de la gente y arreglará en la medida de sus posibilidades los problemas que puedan derivarse de la falta de esas reglamentaciones a las que el pueblo es reacio a someterse. Cuando no pueda instituir el bien, no desdeñará mejorar el mal; pero como Solón, cuando no pueda imponer el mejor sistema legal, procurará establecer el mejor que el pueblo sea capaz de tolerar[110].

Además de la oposición entre las actitudes de ambas tipologías de gobernadores, este último pasaje muestra un notable paralelismo con lo dicho por Hume acerca de la posibilidad de intervención estatal y la persuasión. En efecto, para Hume, una de las características de las pasiones humanas consiste en su resistencia a cambiar de tendencia, lo que derivaba en su descrédito hacia políticas revolucionarias y su apoyo a medidas persuasivas de redireccionamiento pasional[111]. Análogamente, Smith desaconse-

---

[110] *TSM*, pág. 406. Resulta muy interesante observar que en esta necesidad de adecuación del sistema político a la ciudadanía Smith incluya, también en la *RN*, los prejuicios del pueblo. Es decir, que un buen legislador tiene que conocer los prejuicios del pueblo y, aun sabiendo el carácter falaz de tales concepciones, tomarlas como información necesaria en la elaboración de sus políticas (véase *v. gr.*, *RN*, pág. 480). Esto enfatiza la preocupación de Smith por la circunstancialidad de cada sistema de economía política, que se manifestaría en la necesaria *circunspección* en los gobernantes.

[111] Sobre esto puede verse nuestro trabajo, «Estructura imaginativo-pasional de la naturaleza humana y economía en David Hume», *Filosofía de*

ja aquí la adopción de políticas indeseables para la población, al tiempo que privilegia la persuasión sobre la fuerza como medio de aplicación de la intervención gubernamental. En este sentido, cabe advertir que para Smith la retórica es mucho más que una disciplina relativa a los «ornatos del lenguaje», es una herramienta fundamental para la modificación de caracteres. De acuerdo con esto, la metáfora de la «mano invisible», por poner uno de los ejemplos más conocidos en el uso de figuras retóricas en economía, debe interpretarse considerando este trasfondo político-práctico del lenguaje[112].

En la *RN,* las dos posiciones dirigentes son ilustradas por las acciones de gobierno de Colbert, en Francia, y por las disposiciones aplicadas en Gran Bretaña por el Estatuto del año XIII. Con respecto al primero, dice Smith:

Este ministro, por desgracia, había adoptado todos los prejuicios del sistema mercantil, sistema que, por su naturaleza, es restrictivo

---

la economía, vol. 5, 2016, págs. 5-26.

[112] Respecto a esta cuestión, es importante destacar el paralelismo no solo entre las visiones de Hume y Smith, sino también entre estas y las ideas de Giambattista Vico. En efecto, es posible comprobar que los tres autores parten de críticas a sistemas filosóficos de corte racionalista/reduccionista, en sus antropologías enfatizan el papel de facultades cognitivas diversas de la razón y directamente vinculadas con las pasiones (la *imaginación* en Hume y Smith, el *ingenio* en Vico); y, consecuentemente, advierten acerca de la función práctica del lenguaje retórico-persuasivo para el desarrollo histórico de la sociedad. Sobre las relaciones entre las obras de estos autores, puede verse John Robertson, *The Case for the Enlightenment. Scotland and Naples 1680-1760,* NY, Cambridge University Press, 2005; y G. Carrión, «Conocimiento, lenguaje persuasivo y sociedad en Giambattista Vico y Adam Smith», *Cuadernos sobre Vico,* núm. 27, 2013, págs. 99-112. Una interpretación de la *Invisible Hand* a la luz de la perspectiva general que se viene señalando aquí puede encontrarse en G. Carrión, «Imaginación, metáfora y gnoseología en el pensamiento de Adam Smith», *Revista Empresa y Humanismo,* vol. XIII núm. 1/10, 2010, págs. 185-212.

y reglamentarista, características gratas al genio de un hombre laborioso, acostumbrado a organizar los distintos departamentos de la Administración pública y a establecer las normas y controles necesarios para ordenar a cada uno en su propia esfera. Intentó regular la industria y el comercio de un país tan vasto como el suyo, sujetándolo al mismo modelo que los departamentos de las oficinas públicas, y en lugar de permitir que cada uno siguiese la orientación de su interés particular de una manera autónoma, dentro de una norma de igualdad, de libertad y de justicia, se empeñó en conceder privilegios extraordinarios a ciertos ramos económicos, imponiendo a otros restricciones enormes[113].

En contraste, al referirse al Estatuto del año XIII, afirma:

En dicho aspecto [la prohibición a la exportación de trigo según un precio máximo] parece que esta ley es inferior a la antigua. Pero, en todas sus imperfecciones, podemos decir de ella lo que se decía de las leyes de Solón, que aunque en sí no fuesen las mejores posibles, sí eran las más convenientes con arreglo a los intereses, prejuicios y condición de los tiempos, preparando, por lo menos, el camino para lograr algo mejor[114].

Esto puede interpretarse como un rechazo hacia una actitud reduccionista, análoga a lo que se constató anteriormente en torno a los sistemas filosófico-científicos y gramaticales. En el ámbito de la economía, como es bien sabido, las críticas

---

[113] *RN*, pág. 591. Al referirse a la política proteccionista de Colbert, Smith había afirmado antes: «Se dejó seducir en este punto por las sofísticas razones de los comerciantes y fabricantes, que siempre procuran asegurarse una situación de monopolio en las relaciones con sus compatriotas. Pero es ya opinión general entre los hombres más inteligentes de Francia que las medidas dictadas en este sentido no produjeron ningún beneficio a la nación.» Ídem, pág. 412.

[114] Ídem, pág. 483.

smithianas se dirigen en su mayor parte al sistema mercantil, el cual ha sido construido e impuesto por aquella clase económica cuyo «espíritu monopólico» conspira en contra del interés público. En efecto, según Smith, la clase capitalista es responsable de haber inventado un sistema engañoso, cuyo único fin es la consecución de intereses particulares. Esto se manifiesta particularmente en dos premisas falaces que el mercantilismo ha sentado, no obstante, como verdades evidentes. Por un lado, sostiene que la naturaleza del comercio internacional entre naciones ricas y poderosas es inherentemente conflictiva, cosa que ya se sugería en el *ED*. Precisamente por esto, dice Smith, «[a]quello mismo que hubiera debido servir para estrechar la amistad, solo ha servido para inflamar la envidia y el odio nacionales»[115]. Por otro lado, para el mercantilismo, la finalidad de la industria y el comercio es la producción, no el consumo. Por tanto, dentro del sistema mercantil los intereses de los consumidores siempre son relegados ante los de los productores y comerciantes[116].

De esta manera, Smith pone en evidencia la estrecha relación existente entre dos actitudes que, en cuanto tales, son formadoras de caracteres de grupo y motivos para la acción: el «espíritu monopólico» y «espíritu de sistema». Relacionando estos conceptos con las ideas vertidas anteriormente, puede decirse que, en ámbitos diferentes, ambas actitudes abusan del principio de parsimonia, volviéndose parciales y reduccionistas:

No puede dudarse que el espíritu de monopolio inventó y aun propagó semejante doctrina, pero quienes la enseñaron no fueron tan insensatos como los que la creyeron. En todo país ha sido, es y será, el interés de todo el cuerpo social comprar los artículos necesarios de quienes los vendan más barato. La proposición es tan evidente

---

[115] Ídem, pág. 439.
[116] Ídem, págs. 588-589.

que parecería ridículo tomarse el trabajo de probarla, ni se hubiese puesto jamás en tela de juicio si la interesada «sofistería» de manufactureros y comerciantes no hubiese confundido con tal argucia el sentido común de todo el género humano. Sus intereses, considerados desde este punto de vista, son contrarios a los de la inmensa masa del pueblo[117].

Asimismo, al vincular las concepciones smithianas sobre el conocimiento y el lenguaje, la ética y la política es posible distinguir tres actitudes que corren en paralelo: reduccionismo epistémico, egoísmo moral y espíritu monopólico. Smith encuentra —y denuncia— muchas interacciones entre estos tres aspectos relativos al comportamiento humano, de manera tal que su obra en conjunto puede entenderse como una crítica integral a cada uno de estos vicios que, al presentarse en diferentes momentos del continuo de la conducta humana, se potencian mutuamente.

5. ECONOMÍA, MORAL Y LENGUAJE: ADAM SMITH EN LA ACTUALIDAD

Según se dijo al inicio de este estudio, el nombre de Adam Smith sigue estando aún hoy casi exclusivamente ligado al nacimiento de la economía como ciencia moderna. Sin embargo, desde hace algunas décadas los estudios smithianos se vienen incrementando notablemente, redescubriendo y revalorizando la figura del escocés no solo como economista, sino también como filósofo, dentro de sus múltiples áreas de reflexión. Este fortalecimiento en el interés por el pensamiento smithiano tomó un impulso particularmente intenso a comienzos del siglo XXI, como se evidencia a través de la publicación de la *Adam Smith Review* (cuyo

---

[117] Ídem, pág. 437.

primer volumen apareció en el año 2004), las reuniones científicas y trabajos colectivos del año 2009, alusivos a los 250 años de la aparición de la primera edición de la *TSM*[118], y la aparición de diversos *companions* y *handbooks*.

A partir de lo anterior, no solo se han comenzado a reconsiderar los aportes smithianos en ámbitos como la moral y filosofía social, sino que, sobre la base de lecturas integrales de su obra, se han realizado diversas reinterpretaciones de la propia economía smithiana. Esto último, a su vez, se ha convertido en fuente de inspiración para la búsqueda de respuestas a problemas económicos contemporáneos desde las corrientes de pensamiento económico más diversas.

Para ilustrar la actualidad de las reflexiones smithianas solo mencionaremos tres ejemplos, entre los muchos que podrían enumerarse: las ideas de Amartya Sen, los aportes de la economía experimental y del comportamiento, y las advertencias desde la retórica de la economía.

Probablemente Amartya Sen sea uno de los economistas contemporáneos más destacados a la hora de conjugar una visión crítica hacia la historia de pensamiento económico, así como también una admirable inclinación hacia la apertura interdisciplinaria, propiciando el diálogo entre economía, ética y política. En su interés por recuperar la pluralidad de dimensiones relativas a la economía como ciencia práctica, Sen ha recurrido muchas veces —y de diversas maneras— a Adam Smith como interlocutor privilegiado.

La influencia smithiana en Sen puede identificarse especialmente en cuatro puntos. En primer término, el pensador indio critica con dureza la visión habitualmente aceptada de Smith

---

[118] A propósito, cabe señalar el número monográfico dedicado al pensamiento smithiano de la *Revista Empresa y Humanismo* (vol. XIII núm. 1/10, 2010), editado por M. A. Carrasco y R. Lázaro Cantero; y el encuentro realizado en la Universidad de Glasgow, organizado por Ch. Berry, que diera origen luego a *The Oxford Handbook of Adam Smith*.

como campeón en la defensa del egoísmo como único motor de la acción humana y, en consecuencia, promotor de la libertad de mercado irrestricta. Contrariamente, Sen llama la atención sobre la base simpatética del sistema ético del escocés, la cual admite multiplicidad de motivaciones y virtudes, cosa que también reconocía Aristóteles[119]. Asimismo, en *Sobre ética y economía* dirige una fuerte crítica a la noción de racionalidad implícita en la economía convencional, *i.e.,* racionalidad como consistencia interna en la elección y como maximización del propio interés, para lo que utiliza una vez más el ejemplo de Smith, insistiendo en la inexacta identificación entre prudencia y egoísmo[120].

En segundo lugar, Sen ha reconocido explícitamente que su *Enfoque de las capacidades* «tiene un intenso carácter "smithiano"»[121], lo que se vislumbra en ideas como: el valor intrínseco del ejercicio de la libertad en el mercado, la relatividad de las necesidades humanas y las condiciones de vida, la preocupación por la desigualdad y la importancia de controles a mercados mediante una evaluación razonada, la influencia de los sentimientos morales y la corrección moral en el análisis las relaciones económicas, sociales y políticas.

En tercer lugar, cabe mencionar que en una serie de artículos escritos entre 2009 y 2010, reunidos y ampliados luego en su contribución dentro del *Oxford Handbook of Adam Smith,* Sen se ocupa de la crisis económica iniciada en el 2008 y del futuro del capitalismo. Allí caracteriza la visión de Smith acerca de la utilidad y dinamismo de la economía de mercado como sumamente esclarecedora, puesto que no solamente reconoce sus ventajas, sino que también advierte sobre el «lado oscuro» del capitalismo.

---

[119] A. Sen, «Adam Smith's Prudence», en S. Lall and F. Stewart (eds.), *Theory and Reality in Development*, Londres, Macmillan, 1986.
[120] A. Sen, *Sobre ética y economía*, Madrid, Alianza Editorial, 1999, págs. 39 y sigs.
[121] A. Sen, *Desarrollo y libertad*, Barcelona, Planeta, 2000, pág. 307.

Por último, en uno de sus últimos libros, *La idea de justicia*, Sen propone un cambio de rumbo radical en la filosofía política contemporánea, en general, y en la teoría de la justicia en particular[122]. Sostiene que la noción de «justicia como equidad» propia del planteamiento de John Rawls, delineada fundamentalmente en su *Teoría de la justicia* de 1971, ha dominado la escena del pensamiento filosófico-político y la manera de tratar el tema de la justicia hasta nuestros días. Este enfoque hunde sus raíces en una importante tradición moderna occidental a la que denomina institucionalismo trascendental[123]. De acuerdo con Sen, esta propuesta teórica se esfuerza por hallar la «naturaleza de lo justo», dejando en un segundo plano la definición de criterios para comparar situaciones concretas justas o injustas. Por ello, afirma, es una concepción de la justicia «basada en esquemas»[124]. Sin embargo, existe otra tradición moderna que se contrapone al institucionalismo trascendental por centrarse en un enfoque «comparatista». En este caso, la cuestión de la justicia se relaciona de manera más insistente con el comportamiento real de las personas, las interacciones sociales, etc.[125]. A esta propuesta la denomina concepción de la justicia «basada en realizaciones»[126].

Sen rescata el legado smithiano como dentro de la tradición comparatista por haber destacado la importancia de los sentimientos morales y de su escrutinio razonado mediante las posiciones actor-espectador en el juicio de acciones concretas, intentando superar así la conocida dicotomía razón-pasión[127]. De esta manera, reconsidera la utilidad de la figura smithiana del «espectador imparcial» para alcanzar la objetividad en las creencias me-

---

[122] A. Sen, *La idea de justicia*, Buenos Aires, Taurus, 2011, pág. 15.
[123] Ídem, pág. 37.
[124] Ídem, pág. 39.
[125] Ídem, pág. 20.
[126] Ídem, pág. 39.
[127] Ídem, págs. 12, 79.

diante el razonamiento público y evitar el parroquialismo superando las limitaciones posicionales[128].

Asimismo, al referirse al «estrechamiento de la economía prevaleciente», Sen retoma sus críticas hacia las interpretaciones reduccionistas del pensamiento smithiano —y con ello hacia el *mainstream* económico—, redirigiéndolas en favor de su propia concepción de la justicia basada en las realizaciones concretas[129].

En cuanto al segundo ejemplo a considerar, Maria Pia Paganelli sostiene que a partir del desarrollo de la economía experimental muchos economistas se han dado cuenta al menos de dos cosas sobre Adam Smith. En primer lugar, que la frase sobre el «carnicero, el panadero y el cervecero» es solo una frase entre las casi 1.500 páginas que publicó, y en segundo lugar, que la profundidad y amplitud del análisis smithiano hacen que sea capaz de proveer explicaciones plausibles para algunas de las «anomalías» que se han reportado en muchos resultados económicos experimentales[130].

De esta manera, la autora enumera distintos experimentos basados en diversos tipos de juegos (ultimátum, dictador, confianza) cuyos resultados contrastan con las predicciones de la *Rational Choice,* y que pueden encontrar explicación en consideraciones smithianas sobre la acción humana. Remitiendo al trabajo de Ashraf, Camerer y Loewenstein[131], recuerda que para estos autores la perspectiva psicológica smithiana en la *TSM* presenta marcadas similitudes con las estructuras de «procesos duales» desarro-

---

[128] Ídem, págs. 73-74, 180-181 y 199-200.

[129] Ídem, pág. 215 y sigs.

[130] M. P. Paganelli, «Smithian Answers to some Experimental Puzzles», en J. T. Young (ed.), *Elgar Companion to Adam Smith*, UK, Edward Elgar, 2009, págs. 181-192. Por su parte, el propio Vernon Smith comenta de qué manera el contacto con Adam Smith modificó su manera de pensar sobre la economía experimental: «Adam Smith and Experimental Economics: Sentiments to Wealth», en R. P. Hanley (ed.), ob. cit., págs. 262-280.

[131] «Adam Smith, Behavioral Economist», *Journal of Economic Perspective*, 19: 3, 2005, págs. 131-145.

lladas por psicólogos, neurocientíficos y, recientemente, también por economistas del comportamiento. Asimismo, Smith habría anticipado muchas ideas relacionadas con fenómenos como la fuerza de voluntad y la imparcialidad, también estudiados desde la economía del comportamiento. Por tales motivos, estos autores sostienen que una relectura de la *TSM* desde el enfoque experimental-comportamental puede sugerir líneas de investigación económica aún no exploradas.

Por otra parte, en un reciente artículo sobre la recuperación del legado smithiano y de la *Ilustración escocesa* en diversos campos de investigación de actualidad, Paganelli advierte sobre la importancia que los pensadores escoceses asignaban a las actividades sociales en el desarrollo moral. En este sentido, subraya el papel de la retórica como instrumento en la comunicación, y, en cuanto tal, como una parte integral de la teoría del conocimiento de los escoceses[132].

Por último, y a propósito de las aproximaciones contemporáneas en torno a las ideas smithianas sobre las relaciones entre lenguaje y economía, cabe consignar algunas reflexiones desde la perspectiva de la retórica de la economía.

A principios de este año, en una reunión en torno a los 240 años de la publicación de la *RN*, Deirdre McCloskey recordaba el pasaje smithiano de las lecturas referido a los fundamentos lingüísticos de la propensión a intercambiar, trocar y permutar[133].

---

[132] M. P. Paganelli, «Recent Engagements with Adam Smith and the Scottish Enlightenment», *History of Political Economy*, 47, 2015, págs. 363-394. Sobre esto, véase además M. Dascal, ob. cit., págs. 105-106, y C. Jan Swearingen, «Adam Smith on Language and Rhetoric: The Ethics of Style, Character, and Propriety», en Ch. Berry, M. P. Paganelli y C. Smith (eds.), ob. cit., págs. 159-174.

[133] Deirdre N. McCloskey, «Adam Smith did Humanomics: so Should we», *Eastern Economic Association Meetings - International Adam Smith Society*, «Adam Smith at 240: Contemporary Views of Smith's Enduring Presence», Friday, Feb. 25, 2016.

A partir de allí advertía que los seguidores de Smith en economía gradualmente fueron dejando de lado las cuestiones relativas
al lenguaje, la persuasión y el significado, situación que se agra-
vó por la influencia del positivismo de comienzos del siglo xx y
de un buen número de economistas que redujeron el estudio de la
economía a la «conducta», pero entendida de una manera tan extraña como para ignorar la conducta lingüística.

Desde los años 70, sostiene McCloskey, los economistas se
han dedicado al estudio de la información. No obstante, estas
investigaciones generalmente suponen que el lenguaje consiste meramente en la transmisión de información o comandos y,
consecuentemente, tratan a las personas como «máquinas expen-
dedoras». El problema radica en que gran parte de la conversación
económica *(economic talk),* como Smith había reconocido, no es
meramente informacional y no puede reducirse a respuestas a comandos, sino que es persuasiva, lo que inevitablemente debe llevar a complejizar el análisis económico.

Por otra parte, y en relación con lo dicho anteriormente sobre
la economía experimental y comportamental, McCloskey insiste
en la importancia de la aproximación empírica de una economía
smithiana (tanto en el sentido de Adam como de Vernon Smith),
dado que una teoría abstracta, en cuanto corresponde al ámbito de la lógica, no puede llegar a ninguna conclusión si se le permite escoger cualquier supuesto: «Solo los hechos restringen las
conclusiones científicamente»[134].

De esta manera, McCloskey sostiene que la comprensión
de problemas económicos como el crecimiento, los ciclos, entre otros, requiere expandir el enfoque racionalista-maximizador
incluyendo la significación de las virtudes y vicios que configu-
ran el actuar de los seres humanos en economía, recordando al
respecto los aportes de Keynes, Akerlof y Shiller, y también de
Sen. A propósito, afirma:

---

[134] Ídem, pág. 4.

Como Adam Smith, el profesor de retórica de muchachos escoceses de catorce años lo hubiese afirmado, el significado importa, las metáforas importan, las historias importan, la identidad importa, la ética importa. Considerando que somos humanos, no grama, espectadores imparciales que a veces subimos al escenario por los sentimientos morales y la riqueza de las naciones, importan muchísimo[135].

Como queda claro a partir de lo dicho, tanto desde la visión de Amartya Sen como así también desde la economía experimental y del comportamiento, e incluso desde la retórica de la economía, muchos y diversos pensadores contemporáneos reconocen a Smith como precursor, de una u otra manera han retomado sus ideas, y todavía continúan abrevando en su obra. En este sentido, creo que muchas reflexiones smithianas en torno a su antropología filosófica —centrada en el núcleo imaginativo-pasional de la naturaleza humana—, la transversalidad de sus preocupaciones por el origen y efectos del lenguaje, y las múltiples relaciones entre estos aspectos, presentan tal complejidad y fecundidad que seguirán siendo relevantes a la hora de abordar problemáticas fundamentales para la economía, la ética y la política.

GONZALO CARRIÓN[136]
Diciembre de 2016

---

[135] Ídem, pág. 11.
[136] gcarrion@unvm.edu.ar

BIBLIOGRAFÍA

1. OBRAS DE ADAM SMITH

The Glasgow Edition of the Works and Correspondence of Adam Smith, la edición canónica de las obras de Smith, siendo sus editores generales D. D. Raphael y A. S. Skinner, fue publicada originalmente por Oxford University Press entre 1976 y 1987, y luego fue reimpresa por Liberty Fund, a partir de 1982. Los textos smithianos se dividen y organizan de la siguiente manera:

Vol. I, *The Theory of Moral Sentiments*, D. D. Raphael y A. L. Macfie (eds.), Indianapolis, Liberty Fund, 1984.

Vol. II, *An Inquiry into the Nature and Causes of the Wealth of Nations*, R. H. Campbell y A. S. Skinner (ed. gral.) y W. B. Todd (ed. tex.), vol. I-II, Indianapolis, Liberty Fund, 1984.

Vol. III, *Essays on Philosophical Subjects*, W. P. D. Wightman y J. G. Bryce (eds.), con *Dugald Stewart's Account of Adam Smith*, I. S. Ross (ed.), Indianapolis, Liberty Fund, 1982.

Vol. IV, *Lectures on Rhetoric and Belles Lettres*, J. C. Bryce (ed.), Indianapolis, Liberty Fund, 1985.

Vol. V, *Lectures on Jurisprudence*, R. L. Meek, D. D. Raphael y P. G. Stein (eds.), Indianapolis, Liberty Fund, 1982.

Vol. VI, *The Correspondence of Adam Smith*, E. Campbell Mossner y I. Simpson Ross (eds.), Indianapolis, Liberty Fund, 1987.

2. PRINCIPALES TRADUCCIONES AL CASTELLANO

Investigación sobre la naturaleza y causas de la riqueza de las naciones, edición de Edwin Cannan, introducción de Max

Lerner, traducción y estudio preliminar de Gabriel Franco, México, FCE, [1937] 1999.

Teoría de los sentimientos morales, introducción de Eduardo Nicol, traducción de Edmundo O'Gorman, México, FCE, [1941] 1979.

Investigación sobre la naturaleza y causas de la riqueza de las naciones, edición de R. H. Campbell, A. S. Skinner y W. B. Todd, vols. I-II, Barcelona, Oikos-Tau, 1988.

La riqueza de las naciones, edición, traducción y estudio preliminar de Carlos Rodríguez Braun, Madrid, Alianza, 1994.

Lecciones sobre jurisprudencia (Curso 1762-1763), introducción de Manuel Escamilla Castillo, traducción de Manuel Escamilla Castillo y José Joaquín Jiménez Sánchez, Granada, Comares, 1995.

Lecciones sobre jurisprudencia [Reporte de 1766], traducción y estudio preliminar de Alfonso Ruiz Miguel, Madrid, BOE/CEC, 1996.

La teoría de los sentimientos morales, estudio preliminar y traducción de Carlos Rodríguez Braun, Madrid, Alianza, [1997] 2004.

Investigación sobre la naturaleza y causas de la riqueza de las naciones, traducción de José Alonso Ruiz, Barcelona, Planeta DeAgostini, 1997.

Ensayos filosóficos, estudio preliminar de John Reeder, traducción de Carlos Rodríguez Braun, Madrid, Pirámide, 1998.

Una investigación sobre la naturaleza y causas de la riqueza de las naciones, estudio preliminar de Manuel Montalvo, traducción de Carlos Rodríguez Braun, Madrid, Tecnos, 2009.

3. BIOGRAFÍAS DE ADAM SMITH

BUCHAN, J., *Adam Smith and the Pursuit of Perfect Liberty*, Londres, Profile Books, 2006.

PHILLIPSON, N., *Adam Smith: An Enlightened Life*, USA, Yale University Press, 2010.

RAE, J., *Life of Adam Smith*, Londres, Macmillan & Co., 1895.

SCOTT, W. R., *Adam Smith as Student and Professor. With Unpublished Documents, Including Parts of the «Edinburgh Lectures», a Draft of the Wealth of Nations, Extracts from the Muniments of the University of Glasgow and Correspondence*, Glasgow, Jackson Son & Company, 1937.

SIMPSON ROSS, I., *The Life of Adam Smith*, second edition, NY, Oxford University Press, 2010.

STEWART, D., «Account of the Life and Writings of Adam Smith, LL.D.», en Adam Smith, *Essays on Philosophical Subjects*, W. P. D. Wightman y J. G. Bryce (eds.), con *Dugald Stewart's Account of Adam Smith*, I. S. Ross (ed.), Indianapolis, Liberty Fund [1795], 1982, págs. 269-351.

4. OBRAS BIOGRÁFICAS EN CASTELLANO

COLE, J. H., «Adam Smith: economista y filósofo», *Laissez-Faire*, 2, 1995, págs. 32-51.

MÉNDEZ BAIGES, V., «Vida», «Obra» y «Pensamiento», en *Adam Smith: vida, pensamiento y obra*, Colección Grandes Pensadores, vol. 9, Barcelona, Planeta DeAgostini, 2007, págs. 14-193.

REEDER, J., «Estudio preliminar», en Adam Smith, *Ensayos filosóficos*, Madrid, Pirámide, 1998, págs. 9-38.

STEWART, D., «Relación de la vida y escritos de Adam Smith, LL. D.», en *Ensayos filosóficos*, Madrid, Pirámide, 1998, págs. 227-290.

WEST, E. G., *Adam Smith. El hombre y sus obras*, Madrid, Unión Editorial, 1989.

5. HANDBOOKS Y REVISTAS

BERRY, CH., PAGANELLI, M. P. y SMITH, C. (eds.), *The Oxford Handbook of Adam Smith*, Oxford, Oxford University Press, 2013.

HAAKONSSEN, K. (ed.), *The Cambridge Companion to Adam Smith*, NY, Cambridge University Press, 2006.

HANLEY, R. P. (ed.), *Adam Smith: His Life, Thought and Legacy*, New Jersey, Princeton University Press, 2016.

MONTES, L. y SCHLIESSER, E. (eds.), *New Voices on Adam Smith*, NY, Routledge, 2006.

YOUNG, J. T. (ed.), *Elgar Companion to Adam Smith*, UK, Edward Elgar, 2009.

The Adam Smith Review

Patrocinada por la *International Adam Smith Society* (https://smithsociety.org/), esta revista anual recoge trabajos de especialistas sobre diversos aspectos vinculados con la figura de Adam Smith desde una perspectiva multidisciplinaria. Desde su aparición en 2004 se han publicado nueve volúmenes (http://www.adamsmithreview.org/), entre los que destaca el siguiente:

BROWN, V. y FLEISCHACKER, S. (eds.), *The Philosophy of Adam Smith. The Adam Smith Review, volume 5: Essays Commemorating the 250th Anniversary of The Theory of Moral Sentiments*, Londres, Routledge, 2010.

Entre las publicaciones periódicas en español, merecen citarse los siguientes volúmenes dedicados al pensamiento de Adam Smith:

Estudios Públicos, núm. 104, editada por el Centro de Estudios Públicos, Chile, 2006. Disponible on-line: http://www.cepchile.cl/cep/site/artic/20160304/asocfile/20160304094112/revista104_completa.pdf

Revista Empresa y Humanismo, vol. XIII, núm. 1/10. Número monográfico: *Adam Smith: Discusión en torno a* La teoría de los sentimientos morales *en el 250 aniversario de su publicación (1759-2009)*, María A. Carrasco y Raquel Lázaro (eds.), Pamplona, Instituto Empresa y Humanismo, Universidad de Navarra, 2010. Disponible on-line: http://dadun.unav.edu/handle/10171/29069

6. ESTUDIOS GENERALES

ALVEY, J., «Mechanical Analogies in Adam Smith», Discussion Paper núm. 99.12, Massey University, 1999.

—, «The Secret Natural Theological Foundation of Adam Smith's Work», *Journal of Markets & Morality*, 7: 2, 2004, págs. 335-361.

—, «The Theological Foundation of Adam Smith Work», Department of Applied and International Economics, Discussion Paper Nº 04.02, Massey University, 2004.

BERRY, C., «Adam Smith's Considerations on Language», *Journal of the History of Ideas*, vol. 35, núm. 1, 1974, págs. 130-138.

BITTERMANN, H., «Adam Smith's Empiricism and the Natural Law: I», *The Journal of Political Economy*, 48: 4, 1940, págs. 487-520.

—, «Adam Smith's Empiricism and the Natural Law: II», *The Journal of Political Economy*, 48: 5, 1940, págs. 703-734.

BOWLES, P., «Adam Smith and the "Natural Progress of Opulence"» en Mark Blaug (ed.), *Adam Smith (1723-1790) vol. I,* Londres, Elga, [1986], 1991, págs. 181-190.

BRADY, E., «Adam Smith's 'Sympathetic Imagination' and the Aesthetic Appreciation of Environment», *The Journal of Scottish Philosophy,* 9: 1, 2011, págs. 95-109.

BROWN, V., *Adam Smith's Discourse: Canonicity, Commerce, and Conscience,* Londres, Routledge, 1994.

CALDERÓN CUADRADO, R., *Armonía de intereses y Modernidad. Radicales del pensamiento económico,* Madrid, Editorial Civitas, 1997.

CARRASCO, M. A., «Adam Smith: filósofo de la razón práctica», *Estudios Públicos,* núm. 104, 2006, págs. 113-147.

CARRIÓN, G., «Imaginación y economía. Fundamentos gnoseológicos y antropológicos en el pensamiento de Adam Smith», *Cuadernos Empresa y Humanismo,* núm. 103, Universidad de Navarra, 2008.

—, «Conocimiento, lenguaje persuasivo y sociedad en Giambattista Vico y Adam Smith», *Cuadernos sobre Vico,* núm. 27, 2013, págs. 99-112.

CLARKE, P. H., «Unity in the Influences on Adam Smith», *History of Economics Review,* 36, 2002, págs. 10-25.

CREMASCHI, S., «Adam Smith: Skeptical Newtonianism, Disenchanted Republicanism, and the Birth of Social Science», en M. Dascal y O. Gruengard (eds.), *Knowledge and Politics: Case Studies in the Relationship between Epistemology and Political Philosophy,* Boulder, Westview, 1989.

—, «Metaphors in the *Wealth of Nations*», en Boehm, S. *et al.* (eds.), *Is There Progress in Economics? Knowledge, Truth and the History of Economic Thought,* Cheltenham, Elgar, 2002, págs. 89-114.

DOBB, M., *Teorías del valor y de la distribución desde Adam Smith. Ideología y teoría económica,* México, Siglo XXI, 1998.

EKELUND, R.; HÉBERT, R. y TOLLISON, R., «Adam Smith on Religion and Market Structure», *History of Political Economy*, 37:4, 2005.

EVENSKY, J., «The two voices of Adam Smith: Moral Philosopher and Social Critic» en Mark Blaug (ed.), *Adam Smith (1723-1790)*, vol. II, Londres, Elgar [1987] 1991, págs. 197-218.

—, «Retrospective: Ethics and the Invisible Hand», *The Journal of Economic Perspectives*, 7: 2, 1993, págs. 197-205.

—, «"Chicago Smith" versus "Kirkaldy Smith"», *History of Political Economy*, 37: 2, 2005, págs. 197-203.

—, *Adam Smith's Moral Philosophy, A Historical and Contemporary Perspective on Markets, Law, Ethics and Culture*, NY, Cambridge University Press, 2005.

FERNÁNDEZ LÓPEZ, M., *Historia del pensamiento económico*, Buenos Aires, A-Z Editora, 1998.

—, «The Making of the Wealth of Nations», ponencia presentada en la Reunión Anual de la Asociación Argentina de Economía Política, Mendoza, 1998. On-line: http://www.aaep.org.ar/anales/works/works1998/fernandez-lopez.pdf

FLEISCHACKER, S., *On Adam Smith's Wealth of Nations, A Philosophical Companion*, Princeton, Princeton University Press, 2004.

FORMAN-BARZILAI, F., *Adam Smith and the Circles of Sympathy. Cosmopolitanism and Moral Theory*, NY, Cambridge University Press, 2010.

FREUDENTHAL, G., «Adam Smith's Analytic-Synthetic Method and the "System of Natural Liberty"», *History of European Ideas*, 2: 2, 1981, págs. 135-136.

FRIEDMAN, M., «Adam Smith's Relevance for Today», *Challenge*, 20: 1, 1977, págs. 6-12.

FRY, M. (ed.), *Adam Smith's Legacy. His Place in the Development of Modern Economics*, Londres, Routledge, 1992.

GÖÇMEN, D., *The Adam Smith Problem. Human Nature and Society in* The Theory of Moral Sentiments *and* Wealth of Nations, Londres, Tauris Academic Studies, 2007.

GRAMPP, W., «What Did Smith Mean by the Invisible Hand?», *Journal of Political Economy*, 108: 3, 2000, págs. 441-465.

GRISWOLD, C. L. JR., *Adam Smith and the Virtues of Enlightenment*, NY, Cambridge University Press, 1999.

HAAKONSSEN, K., *The Science of a Legislator. The Natural Jurisprudence of David Hume and Adam Smith*, Cambridge, Cambridge University Press, 1981.

HANLEY, R. P., *Adam Smith and the Character of Virtue*, UK, Cambridge University Press, 2009.

HARRISON, J. R., «Imagination and Aesthetics in Adam Smith's Epistemology and Moral Philosophy», *Contributions to Political Economy*, 14, 1995, págs. 91-112.

HETHERINGTON, N. S., «Isaac Newton's Influence on Adam Smith's Natural Laws in Economics», *Journal of the History of Ideas*, 44: 3, 1983, págs. 497-505.

KLEER, R., «The Role of Teleology in Adam Smith's Wealth of Nations», *History of Economics Review*, 31, 2000, págs. 14-29.

LÁZARO CANTERO, R., *La sociedad comercial en Adam Smith. Método, moral, religión*, Pamplona, Eunsa, 2002.

—, «Adam Smith: individuo, organización social y participación», *Anuario Filosófico*, vol. XXXVI/1, 2003, págs. 345-364.

MAURI ÁLVAREZ, M., *El conocimiento moral. Shaftesbury, Hutcheson, Hume, Smith, Brentano, Scheler, Santo Tomás*, Madrid, Ediciones Rialp, 2005.

MCKENNA, S. J., *Adam Smith: The Rhetoric of Propriety*, NY, State University of New York Press, 2006.

MÉNDEZ BAIGES, V., *El filósofo y el mercader. Filosofía, derecho y economía en la obra de Adam Smith*, México, FCE, 2004.

MINOWITZ, P., «Adam Smith's Invisible Hands», *Econ Journal Watch*, 1: 3, 2004, págs. 381-412.

MIROWSKI, P., «Adam Smith, Empiricism, and the Rate of Profit in Eighteenth-Century England», en Mark Blaug (ed.), *Adam Smith (1723-1790)*, volumen II, Londres, Elgar [1982], 1991, págs 1-21.

MIROWSKI, P., *More Heat than Light. Economics as Social Physics: Physics as Nature's Economics*, NY, Cambridge University Press, 1989.

MONTES, L., *Adam Smith in Context. A Critical Reassessment of Some Central Components of His Thought*, Londres, Palgrave Macmillan, 2004.

NAPOLEONI, C., *Fisiocracia, Smith, Ricardo, Marx*, Barcelona, Oikos-Tau, 1981.

O'BRIEN, D. P., *Los economistas clásicos*, Madrid, Alianza, 1989.

OLIVERA, J. H. G., «El teorema de Adam Smith», en Raúl Orayen (comp.), *Ensayos actuales sobre Adam Smith y David Hume*, Buenos Aires, Editorial del Instituto Torcuato Di Tella, 1978.

OSWALD, D., «Metaphysical Beliefs and the Foundations of Smithian Political Economy», *History of Political Economy*, 27: 3, 1995, págs. 449-476.

PACK, S. J., «Theological (and Hence Economic) Implications of Adam Smith's "Principles which Lead and Direct Philosophical Enquiries"», *History of Political Economy*, 27: 2, 1995, págs. 289-307.

RAPHAEL, D. D., «Adam Smith and "the infection of David Hume's society": New Light on an Old Controversy, Together with the Text of a Hitherto Unpublished Manuscript», *Journal of the History of Ideas*, 30: 2, 1969, págs. 225-248.

—, «"The true old Humean philosophy" and its Influence on Adam Smith», en G. P. Morice (ed.), *David Hume: Bicentenary Papers*, Austin, University of Texas Press, 1977, págs. 23-38.

—, *The Impartial Spectator. Adam Smith's Moral Philosophy*, Oxford, Clarendon Press, 2007.

REDMAN, D., *The Rise of Political Economy as a Science*, Londres, The MIT Press, 1997.

RODRÍGUEZ BRAUN, C., «Otro problema de Adam Smith: el liberalismo», 2016. On-line: http://www.carlosrodriguezbraun.com/files/2011/05/AS-y-liberalismo-PDF-libro.pdf?fed7e3

ROTHSCHILD, E., *Economic Sentiments. Adam Smith, Condorcet and the Enlightenment*, Cambridge, Harvard University Press, 2001.

ROTHBARD, M., *Historia del pensamiento económico*, vol. I, Madrid, Unión Editorial, 1999.

SAMUEL, W. y MEDEMA, S., «Freeing Smith from the "Free Market": On the Misperception of Adam Smith on the Economic Role of Government», *History of Political Economy*, 37: 2, 2005, págs. 219-226.

SCHLIESSER, E., *Indispensable Hume: From Isaac Newton's Natural Philosophy to Adam Smith's «Science of Man»*, Dissertation submitted to the Faculty of the Division of the Humanities in Candidacy for the Degree of Doctor of Philosophy, Department of Philosophy, University of Chicago, 2002, On-line: http://exordio.qfb.umich.mx/archivos%20pdf%20de%20 trabajo%20umsnh/aphilosofia/hume.pdf

—, «The Obituary of a Vain Philosopher: Adam Smith's Reflections on Hume's Life», *Hume Studies*, vol. XXVIX, núm. 2, 2003, págs. 327-362.

—, «Some Principles of Adam Smith's Newtonian Methods in *Wealth of Nations*», *Research in the History of Economic Thought and Methodology*, vol. 23A, 2003, págs. 35-77.

SCHUMPETER, J. A., *Historia del análisis económico*, Barcelona, Ariel, 1971.

SEN, A., «Adam Smith's Prudence», en S. Lall y F. Stewart (eds.), *Theory and Reality in Development*, Londres, Macmillan, 1986.

SKINNER, A., «Adam Smith: Philosophy and Science», *Scottish Journal of Political Economy*, 29:3, 1972, págs. 307-319.

—, «Adam Smith: Science and the Role of the Imagination», en W. B. Todd (ed.), *Hume and the Enlightenment: Essays Presented to Ernest Campbell Mossner*, Edinburgh University Press, 1974.

SKINNER, A., «Science and the Role of the Imagination», en *A System of Social Science. Papers Relating to Adam Smith*, Londres, Clarendon Press, 1979, págs. 14-41.

SMITH, G., *Adam Smith's Political Philosophy. The Invisible Hand and Spontaneous Order*, NY, Routledge, 2006.

STIGLER, G. J., «The Successes and Failures of Professor Smith», *The Journal of Political Economy*, 84:6, 1976, págs. 1199-1213.

TASSET CARMONA, J. L., «La ética de Adam Smith: hacia un utilitarismo de la simpatía», *Thémata Revista de Filosofía*, núm. 6, 1989, págs. 197-213.

TAYLOR, W. L., *Francis Hutcheson and David Hume as Predecessors of Adam Smith*, Durham, Duke University Press, 1965.

TEICHGRAEBER, R. F., *Free Trade and Moral Philosophy. Rethinking the Sources of Adam Smith's* Welth of Nations, Durham, Duke, 1986.

THOMSON, H., «Adam Smith's Philosophy of Science», *Quarterly Journal of Economics*, 1965, 212-233.

UJALDÓN, E., *La constitución de la libertad en Adam Smith*, Madrid, Biblioteca Nueva, 2008.

VINER, J., «Adam Smith y el "Laissez Faire"», en J. Spengler y W. Allen (dirs.), *El pensamiento económico de Aristóteles a Marshall. Ensayos*, Madrid, Tecnos, 1971, págs. 320-343.

VIVENZA, G., *Adam Smith and the Classics. The Classical Heritage in the Adam Smith's Thought*, NY, Oxford University Press, 2003.

WERHANE, P., *Adam Smith and his Legacy for Modern Capitalism*, NY, Oxford University Press, 1991.

YOUNG, J., «Natural Jurisprudence and the Theory of Value in Adam Smith», *History of Political Economy*, 27: 4, 1995, págs. 755-773.

—, *Economic as a Moral Science. The Political Economy of Adam Smith*, Cheltenham, Edward Elgar, 1997.

CRONOLOGÍA*

* Esta cronología se elaboró utilizando como base tanto la que se incluye en el texto *Adam Smith: vida, pensamiento y obra*, Colección Grandes Pensadores, vol. 9, Barcelona, Planeta DeAgostini, 2007, págs. 371-377, como la cronología sobre Hume presente en la edición de Enrique Ujaldón de la *Investigación sobre los principios de la moral*, Madrid, Biblioteca Nueva, 2008, págs. 53-72.

AÑO	VIDA DE ADAM SMITH	ACONTECIMIENTOS FILOSÓFICO-CULTURALES	ACONTECIMIENTOS HISTÓRICOS
1723	– Nace (o es bautizado) el 5 de junio en Kirkcaldy. – Muere su padre meses antes de que él naciera.	– Bernard de Mandeville publica una edición ampliada de la *Fábula de las abejas*, que incluye un *Ensayo sobre las escuelas de caridad* y una *Investigación sobre la naturaleza de la sociedad*. – Nace Adam Ferguson.	– Felipe V abdica en su hijo Luis, coronado como Luis I, que muere al cabo de un año y Felipe V vuelve a ocupar el trono.
1724		– Nace Immanuel Kant.	– Se funda la Bolsa de París.
1725		– *Investigación sobre el origen de nuestras ideas de belleza y virtud*, de Francis Hutcheson. – *Ciencia Nueva*, de Giambattista Vico. – Nace el barón D'Holbach.	– Felipe V de España y Carlos VI de Austria firman el Tratado de Viena contra Inglaterra.
1726	– Sufre un intento de rapto por un grupo de gitanos itinerantes.	– *Quince sermones sobre la naturaleza humana*, de Joseph Butler. – *Los viajes de Gulliver*, de Jonathan Swift. – Nace James Hutton.	– Luis XV destituye al duque de Borbón y nombra al cardenal Fleury como primer ministro de la nación.
1727		– Muere Isaac Newton. – *Elogio de Newton*, de Fontenelle.	– Muere Jorge I de Gran Bretaña y es sustituido por su hijo, Jorge II.
1728		– *Cartas sobre los ingleses*, de Voltaire. – *Ensayo sobre la naturaleza y dirección de las pasiones; Cartas sobre el verdadero fundamento de la virtud y de la bondad moral; Aclaraciones sobre el sentido moral*, de Hutcheson. – Nace Joseph Black.	
1733		– *Rapsodia sobre la poesía*, de Swift. – *Ensayo sobre el hombre*, de Alexander Pope. – Muere Mandeville.	– Francia y España participan en la guerra de Sucesión de Polonia, que durará hasta 1738.

AÑO	VIDA DE ADAM SMITH	ACONTECIMIENTOS FILOSÓFICO-CULTURALES	ACONTECIMIENTOS HISTÓRICOS
1736		– *El hijo pródigo*, de Voltaire. – *Ensayo físico sobre la economía animal*, de François Quesnay. – *Tratado completo de mecánica*, de Leonhard Euler. – Nace James Watt.	
1737	– Ingresa en la Universidad de Glasgow.	– *Las falsas confidencias*, de Pierre de Marivaux. – *Genera plantarum*, de Linneo. – Nace Edward Gibbon.	– Guerra entre Austria y el Imperio otomano.
1738		– *Elementos de la filosofía de Newton*, de Voltaire.	– Concluye la guerra de Sucesión polaca con el Tratado de Viena.
1739		– Dos primeros libros del *Tratado de la naturaleza humana*, de David Hume.	– Guerra anglo-española.
1740	– Obtiene la beca Snell para estudiar en el Balliol College de la Universidad de Oxford para ordenarse como ministro de la Iglesia episcopal en Escocia.	– Tercer libro del *Tratado*, de Hume. – *La metafísica de Newton*, de Voltaire. – *Pamela o la virtud recompensada*, de Samuel Richardson.	– Sube al trono de Prusia Federico II. – Francia interviene en la guerra de Sucesión de Austria, que se prolongará hasta 1748.
1741		– Primer volumen de los *Ensayos morales y políticos*, de Hume. – *Ensayo de cosmología*, de Pierre de Maupertuis.	
1742		– Segundo volumen de los *Ensayos morales y políticos*, de Hume. – *Philosophiae moralis institutio compendiaria*, de Hutcheson.	– Elección de Carlos VII como Emperador.

AÑO	VIDA DE ADAM SMITH	ACONTECIMIENTOS FILOSÓFICO-CULTURALES	ACONTECIMIENTOS HISTÓRICOS
1743		– *Ensayo de dinámica*, de D'Alambert. – Se funda la Academia de Alemania. – Nacen Condorcet, Jacobi y Lavoisier.	– Muere el cardenal Fleury. – Tratado de Fontainebleau.
1744		– *Ciencia nueva* (segunda), de Vico. – *Siris*, de George Berkeley. – Muere Vico. – Nace Herder. – Hume intenta obtener la cátedra de Ética y Filosofía Pneumática en la Universidad de Edimburgo, pero es excluido por su fama de ateo.	
1745		– *Carta de un Gentilhombre a su amigo de Edimburgo*, de Hume. – *Historia natural del alma*, de La Mettrie. – Muere Swift.	– Levantamientos armados de los partidos de los Estuardo.
1746	– Renuncia al ministerio, abandona Oxford y se dirige a Edimburgo.	– Muere Hutcheson. – *Pensamientos filosóficos*, de Diderot. – *Ensayo sobre el origen de los conocimientos humanos*, de Condillac.	– Batalla de Culloden, victoria definitiva de la Casa de Hanover sobre los jacobitas. – Muere Felipe V de España y le sucede Fernando VI.
1747		– *Una breve introducción a la filosofía moral*, de Hutcheson (póstumo).	
1748	– Dicta un curso sobre retórica y crítica literaria en la Universidad de Edimburgo.	– *Tres ensayos morales y políticos* e *Investigación sobre el entendimiento humano*, de Hume. – *El espíritu de las leyes*, de Montesquieu. – *El hombre máquina*, de La Mettrie. – Nace Jeremy Bentham.	– Fin de la guerra de Sucesión de Austria.

AÑO	VIDA DE ADAM SMITH	ACONTECIMIENTOS FILOSÓFICO-CULTURALES	ACONTECIMIENTOS HISTÓRICOS
1749		– *La vanidad de los deseos humanos*, de Samuel Johnson. – *Ensayo de filosofía moral*, de Maupertuis. – *Tratado de los sistemas*, de Condillac. – Nace Goethe.	
1751	– Es contratado como profesor de Lógica en la Universidad de Glasgow.	– Primer volumen de la *Enciclopedia*, de Diderot y D'Alembert. – *Investigación sobre los principios de la moral*, de Hume. – Muere La Mettrie.	
1752	– Ocupa la cátedra de Filosofía Moral de la Universidad de Glasgow. – Comienza su intercambio epistolar con D. Hume.	– *Discursos políticos*, de Hume. – Hume intenta obtener la cátedra de Lógica que deja vacante Smith en Glasgow, pero fracasa nuevamente.	
1754		– Primer volumen de la *Historia de Inglaterra*, de Hume. – *Pensamientos sobre la interpretación de la naturaleza*, de Diderot. – *Tratado de las sensaciones*, de Condillac.	– Guerra colonial franco-británica.
1755	– Publicación de una recensión sobre el *Diccionario de la lengua inglesa*, de Samuel Johnson, en la *Edinburgh Review*.	– *Sistema de filosofía moral*, de Hutcheson (póstumo). – *Diccionario de la lengua inglesa*, de Samuel Johnson. – *Discurso sobre el origen de la desigualdad entre los hombres*, de Rousseau.	– Terremoto de Lisboa.
1756	– Publicación de la *Carta a los editores de la Edinburgh Review*.	– Segundo volumen de la *Historia de Inglaterra*, de Hume. – *Ensayo sobre las costumbres y el espíritu de las naciones*, de Voltaire. – *Logicae compendium*, de Hutcheson (póstumo).	– Inicia la guerra de los Siete Años.

AÑO	VIDA DE ADAM SMITH	ACONTECIMIENTOS FILOSÓFICO-CULTURALES	ACONTECIMIENTOS HISTÓRICOS
1757		– *Cuatro disertaciones* («Historia natural de la religión», «De las pasiones», «De la tragedia» y «La norma del gusto»), de Hume. – *Un ensayo filosófico sobre el origen de nuestras ideas de lo bello y lo sublime*, de Edmund Burke.	– Damiens intenta asesinar sin éxito a Luis XV y es ejecutado. – Los ingleses inician la conquista de India.
1758		– *Cuadro económico*, de Quesnay. – *Del espíritu*, de Helvetius.	– Nace Maximilien Robespierre.
1759	– Publicación de la *Teoría de los sentimientos morales*.	– Tercer y cuarto volumen de la *Historia de Inglaterra*, de Hume. – *Elementos de filosofía*, de D'Alambert. – *Cándido*, de Voltaire. – Muere Maupertuis. – Nace Schiller.	– Carlos III accede al trono de España.
1761	– Publicación de las *Consideraciones sobre la primera formación de las lenguas* en *The Philological Miscellany*. – Segunda edición revisada de la *Teoría de los sentimientos morales*.	– *La nueva Eloísa*, de Rousseau.	– España firma una alianza con Francia y entra en la fase final de la guerra de los Siete Años.
1762	– La Universidad de Glasgow le otorga el doctorado en leyes.	– Últimos dos volúmenes de la *Historia de Inglaterra*, de Hume. – *El contrato social* y *Emilio*, de Rousseau. – *Elementos de crítica*, de lord Kames. – Nace Fichte.	

AÑO	VIDA DE ADAM SMITH	ACONTECIMIENTOS FILOSÓFICO-CULTURALES	ACONTECIMIENTOS HISTÓRICOS
1763	– Reporte de las *Lecciones sobre jurisprudencia* (A) y de las *Lecciones sobre retórica y bellas letras*. – Escribe el *Early Draft de la Riqueza de las naciones* y los *Fragmentos* (?).	– Hume viaja a París y se vincula con los ilustrados franceses. – *Sobre la realidad de las cosas fuera de Dios*, de Lessing. – *Tratado de la tolerancia*, de Voltaire. – *El único argumento posible para demostrar la existencia de Dios*, de Kant.	– Se firma el Tratado de París, que pone fin a la guerra de los Siete Años. – Los británicos vencen en India y en Norteamérica.
1764	– Acepta convertirse en tutor del duque de Buccleuch, a quién acompañará en su viaje por Europa.	– *De los delitos y las penas*, de Cesare Beccaria. – *Diccionario filosófico*, de Voltaire. – *Observaciones sobre el sentimiento de lo bello y lo sublime*, de Kant. – *Una investigación de la mente humana según los principios del sentido común*, de Thomas Reid.	
1766	– Regresa a Inglaterra y permanece en Londres. – Reporte de las *Lecciones sobre jurisprudencia* (B).	– *Laoconte*, de Lessing. – *Sueños de un visionario, explicados mediante los sueños de la metafísica*, de Kant. – Nace Thomas Malthus.	– Disturbios en Inglaterra por el aumento del precio del pan.
1767	– Se traslada a Kirkcaldy, donde vive con su madre. – Tercera edición de la *Teoría de los sentimientos morales*, con el agregado de las *Consideraciones sobre la primera formación de las lenguas*.	– *Ensayo sobre la historia de la sociedad civil*, de Ferguson. – Nacen Humboldt, Schlegel y Jean-Baptiste Say.	– Expulsión y exilio de los jesuitas de los dominios de Carlos III.

AÑO	VIDA DE ADAM SMITH	ACONTECIMIENTOS FILOSÓFICO-CULTURALES	ACONTECIMIENTOS HISTÓRICOS
1770		– *El sistema de la naturaleza*, de D'Holbach. – *De mundis sensibilis atque intelligibilis forma et principiis dissertatio*, de Kant. – Nacen Hegel, Beethoven y Hölderlin.	– Matrimonio entre María Antonieta y el delfín de Francia, quien llegaría a ser Luis XVI. – Nace Manuel Belgrano.
1772		– *Tratado sobre el origen del lenguaje*, de Herder. – Aparece el último tomo de la *Enciclopedia*. – Nace David Ricardo.	– Primer reparto de Polonia entre Rusia, Prusia y Austria.
1773	– Es nombrado miembro de la *Royal Society* de Londres.	– *El sistema social*, de D'Holbach. – *Jacques, el fatalista*, de Diderot. – Se funda el movimiento literario alemán *Sturm und Drang*. – Nace James Mill.	– Acto de protesta en Boston contra la imposición de impuestos por Gran Bretaña a las colonias americanas.
1774	– Cuarta edición de la *Teoría de los sentimientos morales*.	– *Los sufrimientos del joven Werther*, de Goethe. – *También una filosofía de la historia*, de Herder. – *El verdadero sentido del sistema de la naturaleza*, de Helvetius. – *Esbozos sobre la historia del hombre*, de Kames.	– Congreso en Filadelfia por el que las colonias rompen el comercio con la metrópolis. – Muere Luis XV. Le sucede su nieto, Luis XVI.
1775	– Ingresa en el *Poker Club*, fundado por el Dr. Johnson.	– *El progreso de la razón en la búsqueda de la verdad*, de Helvetius. – Nace Schelling.	– Estalla la guerra de Independencia de los Estados Unidos y los colonos obtienen su primera victoria en Lexington.
1776	– Publicación de la *Riqueza de las naciones*.	– Muere Hume. Cuatro meses antes escribió su autobiografía, *Mi vida*, que sería publicada por Smith. – Primer volumen de la *Historia de la decadencia y caída del Imperio romano*, de Gibbon. – *La moral universal*, de D'Holbach. – *Un fragmento sobre el gobierno*, de Bentham.	– Las trece colonias americanas firman el Acta de Independencia. Washington es nombrado jefe militar.

AÑO	VIDA DE ADAM SMITH	ACONTECIMIENTOS FILOSÓFICO-CULTURALES	ACONTECIMIENTOS HISTÓRICOS
1777	– Se publica la *Carta de Adam Smith, LL. D. a William Strahan, Esq.*, como introducción a la autobiografía de Hume.	– Nace Carl Friedrich Gauss.	– Batalla de Saratoga: derrota del ejército inglés.
1778	– Es nombrado comisionado de aduanas para Escocia y se traslada a Edimburgo. – Elabora un informe para el gobierno sobre la guerra con las colonias americanas. – Segunda edición de la *Riqueza de las naciones*.	– Mueren Voltaire y Rousseau.	– Francia se alía militarmente con las trece colonias.
1779	– Elabora un nuevo informe para el gobierno sobre el establecimiento del librecambio con Irlanda.	– Se publican los *Diálogos sobre la religión natural*, de Hume (póstumo).	– España interviene en la guerra de Independencia a favor de las colonias.
1781	– Es nombrado capitán honorario de la guardia de Edimburgo. – Quinta edición de la *Teoría de los sentimientos morales*.	– Segundo y tercer volumen de la *Historia de la decadencia y caída del Imperio romano*, de Gibbon. – *Crítica de la razón pura*, de Kant.	– Victoria definitiva de las tropas de las colonias en Yorktown.
1783	– Funda la *Royal Society* de Escocia.	– *Prolegómenos a toda metafísica futura*, de Kant.	– Tras el Tratado de París, Gran Bretaña reconoce la independencia de las trece colonias.

AÑO	VIDA DE ADAM SMITH	ACONTECIMIENTOS FILOSÓFICO-CULTURALES	ACONTECIMIENTOS HISTÓRICOS
1784	– Muere su madre. – Tercera edición de la *Riqueza de las naciones*.	– *Intriga y amor*, de Schiller. – Muere Diderot.	– El Parlamento británico controla la Compañía de las Indias Orientales.
1786	– Cuarta edición de la *Riqueza de las naciones*.	– *Primeros principios metafísicos de la ciencia de la naturaleza*, de Kant.	
1787	– Nombrado rector de la Universidad de Glasgow.	– *Defensa de la usura*, de Bentham. – Segunda edición de la *Crítica de la razón pura*, de Kant.	– Se firma la Constitución de los Estados Unidos. – La aristocracia exige a Luis XVI la reunión de los Estados Generales.
1788		– Cuarto y último volumen de la *Historia de la decadencia y caída del Imperio romano*, de Gibbon. – *Crítica de la razón práctica*, de Kant. – *Ensayos sobre las capacidades activas del hombre*, de Reid. – Nace Arthur Schopenhauer.	– Muere Carlos III y es sucedido por Carlos IV. – Luis XVI convoca los Estados Generales.
1789	– Quinta edición de la *Riqueza de las naciones*.	– *Introducción a los principios de la moral y la legislación*, de Bentham. – Muere D'Holbach.	– Washington es elegido primer presidente de los Estados Unidos. – Toma de la Bastilla y poco después la Asamblea Nacional proclama la Declaración de los Derechos del Hombre y del Ciudadano.
1790	– Sexta edición de la *Teoría de los sentimientos morales*, con modificaciones importantes. – Muere el 17 de julio.	– *La educación del género humano*, de Lessing. – *Epigramas venecianos*, de Goethe. – *Crítica del juicio*, de Kant.	– La Fayette y Mirabeau fracasan en su intento de lograr un pacto con la aristocracia y el rey. Luis XVI deberá huir.

AÑO	VIDA DE ADAM SMITH	ACONTECIMIENTOS FILOSÓFICO-CULTURALES	ACONTECIMIENTOS HISTÓRICOS
1794	– Dugald Stewart publica su «Relación de la vida y escritos de Adam Smith, LL. D.» en las *Transactions of the Royal Society of Edinburgh*.	– *Fundamento de toda la doctrina de la ciencia*, de Fichte. – Publicación de la traducción castellana de las *Máximas*, de Quesnay, realizada por Belgrano. – Mueren Condorcet, Beccaria y Gibbon.	– Se declara la abolición de la esclavitud en todas las colonias francesas. – Robespierre es ejecutado.
1795	– Joseph Black y James Hutton editan y publican los *Ensayos filosóficos*, de Adam Smith.	– *Sobre la paz perpetua*, de Kant. – *Sobre la capacidad lingüística y el origen de la lengua*, de Fichte. – *Cartas sobre la educación estética del hombre*, de Schiller. – *Bosquejo de un cuadro histórico de los progresos del espíritu humano*, de Condorcet (póstumo). – Nace Thomas Carlyle.	– Tercer reparto de Polonia – Napoleón Bonaparte neutraliza una insurrección monárquica en París.

SOBRE ESTA EDICIÓN

Las traducciones que se presentan a continuación se han realizado sobre las respectivas ediciones de los textos smithianos de la *Glasgow Edition* reimpresas por Liberty Fund, según lo señalado en la bibliografía. Salvo las notas originales de Smith, se evitan las aclaraciones referidas a posibles variaciones textuales, para lo cual remitimos al lector a la edición inglesa. Las notas de traducción se reducen al mínimo y pretenden ser aclaratorias. Asimismo, los paralelismos y comparaciones con otros textos smithianos solo se señalan en casos puntuales, con el objeto de esclarecer o completar una idea. Para una comparación sistemática y exhaustiva, conviene dirigirse a los trabajos específicos consignados en el estudio introductorio.

Tanto para el caso de las *Consideraciones sobre la primera formación de las lenguas* como para el de los *Fragmentos sobre la división el trabajo*, desconocemos la existencia de otras versiones en español. En cuanto al *Borrador de la Riqueza de las naciones*, hemos tenido en cuenta la versión parcial traducida por Manuel Fernández López e incluida en su *Historia del pensamiento económico* (págs. 211-215).

Cabe aclarar que en las *Consideraciones* se pone de manifiesto una situación compleja a la hora de traducir ciertos tiempos y modos verbales, en especial por el uso idiosincrático de algunos verbos modales. No obstante, de acuerdo con lo dicho en el estudio introductorio, las decisiones de traducción se realizaron tratando de respetar el enfoque histórico-conjetural propio del ensayo smithiano.

En cuanto al *Borrador*, se intentó mantener precisamente el carácter preliminar, inacabado, esquemático y programático del texto, aun a riesgo de dar en ocasiones cierta sensación de descuido.

En todos los casos se optó por una traducción que fuera fiel a la redacción de Smith, ya sea en la particular longitud y estructura de las oraciones, la selección de puntuación, o su característico estilo directo para interpelar al lector.

GONZALO CARRIÓN
MARIANA MUSSETTA

Adam Smith

ESCRITOS PRELIMINARES
de la *Riqueza de las naciones*
y
*Consideraciones sobre la primera formación
de las lenguas*

CONSIDERACIONES SOBRE LA PRIMERA FORMACIÓN DE LAS LENGUAS Y EL DIFERENTE GENIO DE LAS LENGUAS ORIGINALES Y COMPUESTAS

La asignación de nombres particulares para denotar objetos particulares, es decir, la institución de los sustantivos, probablemente fue uno de los primeros pasos hacia la formación de la lengua. Dos salvajes a quienes nunca se les hubiera enseñado a hablar, pero que hubiesen sido criados lejos de las sociedades humanas, naturalmente comenzarían a formar esta lengua mediante la que se esforzarían por hacer inteligibles entre sí sus deseos mutuos, profiriendo ciertos sonidos cada vez que pretendieran denotar tales o cuales objetos. Solo asignarían nombres particulares a aquellos objetos que les fueran más familiares, y a los que necesitaran mencionar más frecuentemente. La caverna particular cuyo resguardo los protegía del agua, el árbol particular cuyos frutos calmaban su hambre, la fuente particular cuya agua apaciguaba su sed serían denominados primero por las palabras *caverna, árbol, fuente,* o por cualquier otra apelación que pudieran pensar como apropiada para designarlos en esa jerga primitiva. Posteriormente, cuando una mayor experiencia les llevara a observar, y sus situaciones necesariamente los obligaran a mencionar otras cavernas, otros árboles y otras fuentes, naturalmente conferirían a cada uno de esos nuevos objetos el mismo nombre con que se habían acostumbrado a expresar al objeto similar que les resultaba familiar. Ninguno de los objetos nuevos tenía nombre por sí mismo, pero cada uno de ellos se asemejaba exactamente a otro objeto, que sí poseía tal apelación. Era imposible que aquellos salvajes contemplaran los objetos nuevos sin recordar los anteriores, y el nombre de estos últimos, para los que los nuevos conllevaban una semejanza tan próxima. Por lo tanto, cuando necesitaban mencionar o señalar cualquiera de los objetos nuevos el uno al otro, naturalmente pronunciaban el nombre del objeto anterior correspondiente, cuya idea no podía dejar de presentarse en ese instante a su memoria de la manera más intensa y vívida. Y así, aquellas palabras que originalmente eran nombres propios de individuos, se convertían imperceptiblemente en el nombre común de una multiplicidad. Un niño que recién está aprendiendo a hablar llama a cualquier persona que llega a la casa papá o mamá, y así confiere a toda la especie aquellos nombres que le han enseñado a aplicar a dos individuos. Conocí a un payaso que no sabía el nombre propio del río que corría frente a su propia puerta. Era *el río*, decía, y nunca había oído otro nombre para él. Al parecer, su experiencia no le había permitido observar ningún otro río. Por tanto, la palabra general *río*, en la acepción que le otorgaba, evidentemente era un nombre propio, que significaba un objeto individual. Si a esa persona se la hubiese llevado a otro río, ¿no lo habría llamado rápidamente *un río*? Supongamos a una persona viviendo a la orilla del Támesis, que sea tan ignorante como para no conocer la palabra general *río*, sino para estar familiarizada solo con la palabra particular *Támesis*. Si fuera llevada a cualquier otro río, ¿no lo llamaría rápidamente *un Támesis*? En realidad, esto no es más que lo que en verdad harían aquellos familiarizados con la palabra general. Un inglés, al describir cualquier gran río que pudiera haber visto en algún país extranjero, naturalmente diría: ese es otro Támesis. Los españoles, cuando arribaron por vez primera a las costas de México y observaron la riqueza, concentración poblacional y las viviendas de ese bello país, tan superior a las naciones salvajes que habían visitado anteriormente, exclamaron que era otra España. Así pues, fue llamado Nueva España, y este nombre se ha mantenido para ese desafortunado país desde entonces. De la misma manera, decimos de un héroe que es un Alejandro; de un orador, que es un Cicerón; de un filósofo, que es un Newton. Esta forma de hablar, que los gramáticos llaman «antonomasia», y que es aún sumamente común, aunque ahora no sea en absoluto necesaria, demuestra hasta qué punto la humanidad está naturalmente dispuesta a dar a un objeto el nombre de otro que se le parezca mucho y, por ende, a denominar a una multitud mediante lo que originalmente pretendía denotar a un individuo.

Es esta aplicación del nombre de un individuo a una gran cantidad de objetos, cuya semejanza recuerda naturalmente la idea de ese individuo y del nombre con que se lo expresa, la que originalmente parece haber dado lugar a la formación de aquellas clases y grupos, que en las escuelas son llamados géneros y especies, y que han confundido al ingenioso y elocuente Sr. Rousseau de Ginebra[1] al dar cuenta de su origen[2]. Lo que constituye una especie es meramente un número de objetos que conllevan cierto grado de semejanza entre sí, y por esa razón se denominan mediante una única expresión, la que puede aplicarse para designar a cualquiera de ellos.

Cuando la mayor parte de los objetos fueron dispuestos de esta manera en sus clases y grupos correspondientes, distinguidos por tales nombres generales, era imposible que la mayor parte de ese número casi infinito de individuos, comprehendido en cada grupo o especie particular, pudiera tener algún nombre propio o peculiar por sí mismo, distinto del nombre general de la especie.

---

[1]   Origine de l'Inegalité. Partie Premiere, págs. 376 y 377. Edition d'Amsterdam des Oeuvres diverses de J. J. Rousseau.

[2]   [*N. de T.*] En el *Discurso sobre el origen y los fundamentos de la desigualdad entre los hombres*, dice Rousseau: «Por lo que a mí respecta, asustado por las dificultades que se multiplican, y convencido de la imposibilidad casi demostrada de que las lenguas hayan podido nacer y establecerse por medios puramente humanos, dejo a quien quiera emprenderla la discusión de este difícil problema: ¿qué ha sido más necesario, si la sociedad ya formada para la institución de las lenguas, o si las lenguas ya inventadas para el establecimiento de la sociedad?». *Del contrato social. Discursos*, Madrid, Alianza Editorial, 2000, pág. 258.

Por tanto, cuando se tenía que mencionar algún objeto particular, a menudo se volvía necesario distinguirlo de los otros objetos comprehendidos bajo el mismo nombre general; en primer lugar, por sus características peculiares o, en segundo lugar, por la relación peculiar que guardaba con algunas otras cosas. De aquí, pues, el origen necesario de otros dos conjuntos de palabras, uno que expresara cualidad, y el otro, relación.

Los adjetivos son las palabras que expresan cualidad consideradas como aquellas que cualifican o, como dicen los hombres de la escuela, en concreto con algún sujeto particular. Así, la palabra *verde* expresa cierta cualidad considerada como cualificante de, o como en concreto con, el sujeto particular al cual puede aplicársele. Evidentemente, palabras de esta clase pueden servir para distinguir objetos particulares de otros comprehendidos bajo la misma expresión general. Las palabras árbol verde, por ejemplo, podrían servir para distinguir un árbol particular de otros que estuviesen secos o dañados.

Las preposiciones son las palabras que expresan relación, consideradas, de la misma manera, en concreto con el objeto correlativo. Así, las preposiciones *de, a, para, con, por, sobre, bajo*, etc., denotan alguna relación subsistente entre los objetos expresados mediante las palabras entre las que se ubican las preposiciones, y estas denotan que dicha relación es considerada en concreto con el objeto correlativo. Palabras de esta clase sirven para distinguir objetos particulares de otros de la misma especie cuando esos objetos particulares no pueden ser claramente identificados por alguna característica peculiar propia. Cuando decimos *el árbol verde de la pradera*, por ejemplo, distinguimos un árbol particular no solo por la cualidad que le pertenece, sino también por la relación que guarda respecto de otro objeto.

Como ni la cualidad ni la relación pueden existir en abstracto, es natural suponer que las palabras que las denotan consideradas en concreto, el modo en que siempre las vemos subsistir, fueron inventadas mucho más tempranamente que aquellas que las expresan consideradas en abstracto, modo en que nunca las vemos subsistir. Con toda probabilidad, las palabras *verde* y *azul* fueron inventadas con anterioridad a las palabras *verdor* y *azulado*; las palabras *sobre* y *bajo*, con anterioridad a las palabras *superioridad* e *inferioridad*. Inventar palabras de la última clase requiere un esfuerzo de abstracción mucho mayor que el necesario para inventar las de la primera clase. Por tanto, es probable que tales términos abstractos hayan sido instituidos mucho más tardíamente. Consecuentemente, sus etimologías generalmente muestran que es así; a menudo estas palabras abstractas derivan de otras concretas.

Pero aunque la invención de los adjetivos sea mucho más natural que la de los sustantivos abstractos derivados de ellos, aún requería un grado considerable de abstracción y generalización. Por ejemplo, quienes inventaron las palabras *verde, azul, rojo* y los otros nombres de colores deben haber observado y comparado un gran número de objetos, señalado sus semejanzas y diferencias con respecto a la cualidad del color, y deben haberlos dispuesto, en sus propias mentes, en diferentes clases y grupos según esas semejanzas y diferencias. Un adjetivo es por naturaleza una palabra general, y en alguna medida abstracta, y necesariamente presupone la idea de una cierta especie o grupo de cosas para las que es igualmente aplicable. La palabra *verde* no puede haber sido —como pudiéramos suponer que fue el caso de la palabra *caverna*— originalmente el nombre de un individuo, y luego haberse transformado en el nombre de una especie mediante lo que los gramáticos llaman «antonomasia». La palabra *verde*, al no denotar el nombre de una substancia, sino la característica peculiar de una substancia, debe haber sido desde el inicio una palabra general, capaz de ser aplicada igualmente a cualquier otra substancia que tuviera la misma cualidad. El hombre que distinguió por primera vez un objeto particular por el epíteto de *verde*, debe haber observado otros objetos que no eran *verdes*, de los que intentó separarlo mediante esa expresión. Por tanto, la institución de ese nombre supone comparación. De la misma manera, supone algún grado de abstracción. La persona que inventó esta expresión debe haber distinguido la cualidad del objeto al que pertenecía, y debe haber concebido al objeto como capaz de subsistir sin la cualidad. Por tanto, incluso la invención del adjetivo más simple debe haber requerido más metafísica de la que somos capaces de percatarnos. Las diferentes operaciones mentales, la de organización o clasificación, la de comparación y la de abstracción, deben haberse empleado antes incluso de que pudieran ser instituidos los nombres de los diferentes colores, el menos metafísico de todos los adjetivos. De todo esto infiero que cuando las lenguas comenzaron a formarse, los adjetivos no podrían haber sido de ninguna manera las palabras de invención más temprana.

Existe otro recurso para denotar las cualidades diferentes de substancias diferentes, que como no requiere abstracción ni ninguna concepción de separación entre la cualidad y el sujeto, parece más natural que la invención de los adjetivos, y que, por ende, difícilmente pueda dejar de pensarse como anterior a estos en la primera formación de la lengua. Este recurso consiste en realizar alguna variación sobre el sustantivo mismo, según las diferentes cualidades que posee. Así, en muchas lenguas tanto la cualidad del sexo como la carencia del mismo se expresan mediante terminaciones diferentes en el sustantivo, las que denotan objetos calificados de esa manera. En latín, por ejemplo, *lupus, lupa; equus, equa; juvencus, juvenca; Julius, Julia; Lucretius, Lucretia*, etc., denotan las cualidades de macho o hembra en los animales y personas a los que pertenecen tales expresiones, sin necesidad de adicionar ningún adjetivo para este propósito. Por otra parte, las palabras *forum, pratum, plaustrum*, mediante su peculiar terminación, denotan la total ausencia de sexo en las diferentes substancias que significan. Era natural que tanto el sexo como la carencia de este, al ser naturalmente considerados como cualidades que modifican y son inseparables de las substancias particulares a las cuales pertenecen, se expresaran mediante una modificación en el sustantivo, antes que por cualquier palabra general y abstracta que exprese esta especie particular de cualidad. En este caso, la expresión guarda evidentemente una analogía mucho más exacta que en el otro con la idea o el objeto que denota. La cualidad aparece en la naturaleza como una modificación de la substancia, y como, por tanto, esto se expresa en la lengua por una modificación del sustantivo que denota esta substancia, la cualidad y el sujeto, en este caso, se combinan, por así decirlo, en la expresión, de la misma manera como parecen existir en el objeto y en la idea. De aquí, pues, el origen de los géneros masculino, femenino y neutro en todas las lenguas antiguas. Mediante estos, las distinciones más importantes —entre animadas e inanimadas en el caso de las substancias, y entre machos y hembras en los animales— parecen haberse delimitado lo suficiente sin la ayuda de adjetivos o de cualquier nombre general para denotar esta especie de cualificaciones más extensiva.

Solo existen esos tres géneros en todas las lenguas de las que he tenido conocimiento; es decir, la formación de sustantivos, por sí misma y sin el acompañamiento de adjetivos, no puede expresar otras cualidades más que aquellas tres mencionadas arriba: las cualidades de masculino, femenino, o ni masculino ni femenino. Sin embargo, no debería sorprenderme si en otras lenguas con las que no estoy familiarizado las formaciones distintas de sustantivos fueran capaces de expresar muchas otras cualidades diferentes. Los diversos diminutivos del italiano y de algunas otras lenguas a veces sí expresan, en realidad, una gran variedad de modificaciones diferentes en las substancias denotadas por aquellos sustantivos que sufren esas variaciones.

Sin embargo, era imposible que los sustantivos pudieran experimentar, sin perder del todo su forma original, el enorme número de variaciones suficientes para expresar la casi infinita variedad de cualidades mediante las que necesitaría especificarlas y distinguirlas en situaciones diversas. Por tanto, aunque la diferente formación de los sustantivos pudo evitar por algún tiempo la necesidad de inventar adjetivos, era imposible que tal necesidad se soslayara totalmente. Cuando se inventaron los adjetivos era natural que fueran formados según alguna similitud con los sustantivos, para los que servían como epítetos o cualificaciones. Los hombres les daban naturalmente las mismas terminaciones que a los sustantivos a los que se le aplicaban primeramente, y a partir de ese amor a la similitud de sonido, de ese deleite por la repetición de las mismas sílabas, que es el fundamento de la analogía en todas las lenguas, tendían a variar la terminación del mismo adjetivo según necesitaran aplicarlo a un sustantivo masculino, femenino o neutro. Ellos decían *magnus lupus, magna lupa, magnum pratum* al querer expresar un gran *lobo*, una gran *loba* y una gran *pradera*.

Esta variación en la terminación del adjetivo de acuerdo con el género del sustantivo, que ocurre en todas las lenguas antiguas, parece haber sido introducida principalmente en virtud de cierta similitud de sonido, de cierta especie de rima, que es naturalmente tan agradable al oído humano. Cabe observar que el género no puede pertenecer propiamente a un adjetivo, cuyo significado es precisamente siempre el mismo para cualquier especie de sustantivos al que se aplique. Cuando decimos *un gran hombre, una gran mujer*, la palabra *gran* tiene exactamente el mismo significado en ambos casos, y la diferencia de sexo en los sujetos a los que puede aplicarse no genera ningún tipo de diferencia en su significado. De la misma manera, *magnus, magna, magnum* son palabras que expresan precisamente la misma cualidad, y el cambio de terminación no va acompañado por ningún tipo de variación en el significado. Sexo y género son cualidades que pertenecen a las substancias, pero no pueden pertenecer a las cualidades de las substancias. En general, ninguna cualidad considerada en concreto, o que cualifique a algún sujeto particular, puede ser concebida por sí misma como sujeto de cualquier otra cualidad, aunque puede serlo cuando se considera en abstracto. Por tanto, ningún adjetivo puede cualificar a otro adjetivo. Un *gran buen hombre* significa un hombre que es ambas cosas: *grande* y *bueno*. Ambos adjetivos califican al sustantivo, no se cualifican el uno al otro. Por otra parte, cuando decimos la *gran bondad* del hombre, la palabra *bondad* denota una cualidad considerada en abstracto, que puede ser por sí misma sujeto de otras cualidades, por esta razón es capaz de ser cualificada mediante la palabra *gran*.

Si la invención de los adjetivos conllevó tanta dificultad, la de las preposiciones debe haber sido más dificultosa aún. Como ya he observado, toda preposición denota alguna relación considerada en concreto con el objeto correlativo. La preposición *sobre*, por ejemplo, denota la relación de superioridad, no en abstracto, como se expresa en la palabra *superioridad*, sino en concreto con algún objeto correlativo. En esta frase, por ejemplo, *el árbol sobre la caverna*, la palabra *sobre* expresa cierta relación entre el *árbol* y la *caverna*, y expresa esta relación en concreto con el objeto correlativo: *la caverna*. Una preposición siempre requiere, para completar el sentido, alguna otra palabra que le siga, como puede verse en este ejemplo particular. Ahora, digo, la invención de tales palabras debe haber requerido un esfuerzo de abstracción y generalización aún más grande que en el caso de los adjetivos. En primer lugar, una relación es en sí misma un objeto más metafísico que una cualidad. Nadie puede dudar de lo que se entiende por una cualidad, pero poca gente será capaz de expresar claramente lo que se entiende por una relación. Las cualidades son casi siempre objetos de nuestros sentidos externos; las relaciones nunca lo son. Por tanto, no sorprende que el primer conjunto de objetos sea tanto más comprensible que el otro. En segundo lugar, aunque las preposiciones siempre expresan la relación que significan en concreto con el objeto correlativo, no podrían haberse formado originalmente sin un considerable esfuerzo de abstracción. Una preposición denota una relación, y nada más que una relación. Pero antes que los hombres pudieran instituir una palabra que significara una relación, y nada más que una relación, en alguna medida deben haber sido capaces de considerar esa relación en abstracto respecto de los objetos relacionados, dado que la idea de esos objetos no está incluida, de ninguna manera, en la significación de la preposición. La invención de una palabra tal debe haber requerido, por tanto, un considerable grado de abstracción. En tercer lugar, una preposición es por su naturaleza una palabra general, la que, a partir de su primera institución, debe haber sido considerada igualmente aplicable para denotar cualquier otra relación similar. El hombre que inventó la palabra *sobre* no solo debe haber distinguido, en alguna medida, la relación de *superioridad* a partir de los objetos que estaban relacionados de esa forma, sino que además debe haber distinguido entre esta y otras relaciones, como la relación de *inferioridad*, denotada por la palabra *bajo*, la relación de yuxtaposición, expresada por la palabra *junto*, etc. Debe haber concebido esa palabra, por tanto, como la expresión de una especie o tipo particular de relación distinto de cualquier otro, cosa que no podría haber ocurrido sin un considerable esfuerzo de comparación y generalización.

Así, cualesquiera que fuesen las dificultades que complicaron la invención de los adjetivos, estas mismas, y muchas más, deben haber complicado la de las preposiciones. Si, por ende, en la primera formación de las lenguas la humanidad parece haber evadido por algún tiempo la necesidad de adjetivos mediante la variación de la terminación de los nombres de sustancias, según como estas variaban en algunas de sus características más importantes, se habrán encontrado en la necesidad mucho más imperiosa de evitar, a través de algún artificio similar, la invención aún más dificultosa de las preposiciones. Los diferentes casos en las lenguas antiguas son, justamente, un artificio de esta clase. Los casos de genitivo y dativo en griego y latín, evidentemente, ocupan el lugar de las preposiciones, y mediante una variación en el sustantivo, que representa el término correlativo, se expresa la relación que subsiste entre lo que se denota por ese sustantivo y lo expresado por alguna otra palabra en la oración. En estas expresiones, por ejemplo, *fructus arboris, el fruto del árbol, sacer Herculi, sagra-*

do para Hércules; las variaciones en las palabras correlativas *arbor* y *Hercules* expresan las mismas relaciones para las que en inglés se utilizan las preposiciones *de* y *para.*

Expresar relación de esta manera no requería ningún esfuerzo de abstracción. Aquí no se expresaba mediante una palabra peculiar que denotara una relación y nada más que una relación, sino mediante una variación en el término correlativo. Se expresaba aquí como aparece en la naturaleza, no como algo separado e independiente, sino como algo completamente mezclado y combinado con el objeto correlativo.

Expresar relación de esta manera no requería ningún esfuerzo de generalización. Las palabras *arboris* y *Herculi* encierran en su significado las mismas relaciones expresadas por las preposiciones inglesas *de* y *para*; sin embargo, no son, como estas preposiciones, palabras generales que pueden ser aplicadas para expresar la misma relación que pudiera observarse entre cualesquiera otros objetos.

Expresar relación de esta manera no requería ningún esfuerzo de comparación. Las palabras *arboris* y *Herculi* no son palabras generales destinadas a denotar una especie particular de relaciones cuyos inventores mentaron para separarlas y distinguirlas de cualquier otra clase de relación, como consecuencia de algún tipo de comparación. En efecto, el ejemplo de este artificio probablemente se seguiría pronto, y cualquiera que tuviese oportunidad de expresar una relación similar entre cualesquiera otros objetos, tendería a hacerlo mediante una variación similar sobre el nombre del objeto correlativo. Esto, digo, probablemente, o más bien con certeza, es lo que ocurrió; sin embargo, ocurrió sin ninguna intención o previsión por parte de aquellos que primeramente dieron el ejemplo, y que nunca pretendieron establecer una regla general. La regla general se establecería por sí misma de manera imperceptible, muy gradualmente, a causa de ese amor a la analogía y a la similitud de sonido, que es el fundamento más importante, por mucho, de la mayor parte de las reglas de la gramática.

Por tanto, expresar una relación mediante una variación en el nombre del objeto correlativo, al no requerir abstracción, ni generalización, ni comparación de ninguna clase, en principio sería mucho más natural y fácil que expresarla por aquellas palabras generales llamadas preposiciones, cuya primera invención debe haber demandado algún grado de todas estas operaciones.

El número de casos es diferente en lenguas diferentes. Hay cinco en griego, seis en latín y se dice que son diez en la lengua armenia. Naturalmente debe haber ocurrido que existía un mayor o menor número de casos a medida que en la terminación de los sustantivos resultaba que los primeros formadores de cualquier lengua establecían un mayor o menor número de variaciones, con el objetivo de expresar las diferentes relaciones que tenían ocasión de constatar, antes de la invención de aquellas preposiciones más generales y abstractas que pudieran reemplazarlas.

No obstante, quizás sea digno de notar que aquellas preposiciones que en las lenguas modernas ocupan el lugar de los antiguos casos, entre todas las demás palabras son las más generales, abstractas y metafísicas, y, en consecuencia, probablemente hayan sido las últimas en inventarse. Pregunte a un hombre de inteligencia promedio: ¿qué relación se expresa mediante la preposición *sobre*? La de *superioridad*, responderá con presteza. ¿Y mediante la preposición *bajo*? La de *inferioridad*, replicará igual de rápidamente. Pero pregúntele qué relación se expresa mediante la preposición *de*, y si no ha empleado de antemano muchos de sus pensamientos en esas materias, seguramente puede que necesite una semana para que considere su respuesta. Las preposiciones *sobre* y *bajo* no denotan ninguna de las relaciones expresadas por los casos en las lenguas antiguas. Pero la preposición *de* denota la misma relación que se expresa en ellas mediante el caso genitivo y que, como se observa fácilmente, es de una naturaleza muy metafísica. La preposición *de* denota relación en general, considerada en concreto con el objeto correlativo. Indica que el sustantivo que lo precede se relaciona de una u otra manera con aquel que le sigue, pero sin determinar en modo alguno, como lo hace la preposición *sobre*, la naturaleza peculiar de tal relación. Por tanto, usualmente la aplicamos para expresar las relaciones más opuestas, porque las relaciones más opuestas concuerdan en la medida en que cada una comprende en sí la naturaleza o idea general de una relación. Decimos *el padre del hijo* y *el hijo del padre, los abetos del bosque* y el *bosque de los abetos*. Evidentemente, la relación establecida entre el padre y el hijo es completamente opuesta a la que se establece entre el hijo y el padre, aquella en la que la parte se relaciona con el todo es completamente opuesta a la que relaciona el todo con las partes. La palabra *de*, empero, sirve muy bien para denotar todas esas relaciones, porque en sí misma no denota ninguna relación particular sino solo relación en general; y en la medida en que cualquier relación particular es recogida por tales expresiones, se infiere mentalmente, no desde la preposición misma, sino a partir de la naturaleza y disposición de los sustantivos entre los que se ubica la preposición.

Lo que dije acerca de la preposición *de* puede ser aplicado en alguna medida a las preposiciones *a, para, con, por*, y a cualquier otra preposición utilizada en las lenguas modernas para ocupar el lugar de los antiguos casos. Todas ellas expresan relaciones muy abstractas y metafísicas, relaciones que cualquier hombre que acepte el desafío de intentarlo encontrará extremadamente dificultoso expresarlas mediante sustantivos de la misma manera en que podemos expresar la relación denotada por la preposición *sobre* mediante el sustantivo *superioridad*. Sin embargo, todas expresan alguna relación específica y, en consecuencia, ninguna de ellas es tan abstracta como la preposición *de*, que puede ser considerada de lejos la más metafísica de todas las preposiciones. Por tanto, las preposiciones que son capaces de reemplazar a los antiguos casos, al ser más abstractas que las otras preposiciones, naturalmente fueron de más difícil invención. Al mismo tiempo, las relaciones que expresan aquellas preposiciones son, de todas, las que mencionamos más frecuentemente. Las preposiciones *sobre*,

bajo, cerca, con, sin, contra, etc., son utilizadas mucho más raramente en las lenguas modernas que las preposiciones *de, a, para,
con, desde, por*. Una preposición de la primera clase aparecerá no
más de dos veces en una página; por el contrario, difícilmente po-
damos componer una oración simple sin la ayuda de una o dos de
las últimas. Por tanto, si estas últimas preposiciones, que ocupan
el lugar de los casos, fueron de tan difícil invención por su nivel
de abstracción, debe haber sido indispensablemente necesario algún recurso para ocupar su lugar, en razón de la frecuencia con
que los hombres tienen que haber percibido las relaciones que denotan. Pero no hay recurso tan obvio como el de variar la terminación de una de las palabras principales.

Quizás sea innecesario observar que hay algunos de los casos
en las lenguas antiguas que, por razones particulares, no pueden
ser representados por ninguna preposición. Estos son los casos
nominativo, acusativo y vocativo. En aquellas lenguas modernas
que no admiten tales variaciones en las terminaciones de sus sustantivos, las relaciones correspondientes se expresan mediante la
ubicación de las palabras y el orden y construcción de la oración.

Como los hombres frecuentemente mencionan multiplicidad
de cosas, así como también objetos particulares, se volvió necesario algún método para expresar el número. El número puede expresarse mediante una palabra particular que exprese el número
en general, como las palabras *algunas, más*, etc., o mediante alguna variación en las palabras que expresan las cosas numeradas.
Probablemente la humanidad recurría a este último recurso en la
infancia de la lengua. El número, considerado en general, sin relación a ningún conjunto particular de objetos numerados, es una
de las ideas más metafísicas y abstractas que la mente del hombre es capaz de formar y, en consecuencia, no es una idea que so-
brevendría rápidamente a los primitivos mortales que recién estaban comenzando a formar una lengua. Por tanto, distinguían
naturalmente entre hablar de un objeto singular y hablar de una
multiplicidad, no mediante un adjetivo metafísico, como en in-

glés *un*, *uno*, *muchos*, sino por una variación en la terminación de la palabra que significaba los objetos numerados. De allí el origen de los números singular y plural en todas las lenguas antiguas, y la misma distinción se ha mantenido, asimismo, en todas las lenguas modernas, al menos en la mayoría de las palabras.

Todas las lenguas primitivas y no compuestas parecen tener un número dual además de un plural. Este es el caso del griego y, tengo entendido, del hebreo, del gótico y de muchas otras lenguas. En los primitivos comienzos de la sociedad, *uno*, *dos* y *más* posiblemente hayan sido todas las distinciones numerales que la humanidad conocía. Hallaban más natural expresarlas mediante una variación en cada sustantivo particular que por palabras tan generales y abstractas como *uno*, *dos*, *tres*, *cuatro*, etc. Aunque la costumbre ha hecho familiares esas palabras para nosotros, expresan, quizás, las abstracciones más sutiles y refinadas que la mente de un hombre es capaz de formar. Permítase a cualquiera considerar por sí mismo, por ejemplo, qué significa para él la palabra *tres*, pero que no se refiera ni a tres chelines, ni a tres peniques, ni a tres hombres, ni a tres caballos, sino tres en general, y fácilmente se convencerá de que una palabra que denota una abstracción tan metafísica no podría ser una invención ni muy obvia ni muy temprana. He leído sobre algunas naciones salvajes cuya lengua no era capaz de expresar más que las tres primeras distinciones numerales. Pero sea que expresaran tales distinciones mediante tres palabras generales o por variaciones en el sustantivo denotando las cosas numeradas, no recuerdo haberme encontrado con nada que pudiera determinar.

Como todas las mismas relaciones que existen entre cosas singulares pueden subsistir igualmente entre objetos numerosos, es evidente que habría necesidad del mismo número de casos en el dual y en el plural que en el número singular. De allí lo intrincado y complejo de las declinaciones en todas las lenguas antiguas. En el griego hay cinco casos en cada uno de los tres números, es decir, quince en total.

Como en las lenguas antiguas los adjetivos variaban sus terminaciones de acuerdo con el género de los sustantivos a los que se aplicaban, del mismo modo lo hacían según el caso y el número. Por tanto, todo adjetivo en lengua griega, al tener tres géneros, tres números, y cinco casos en cada número, puede decirse que tiene cuarenta y cinco variaciones diferentes. Al parecer, los primeros formadores de la lengua variaban la terminación del adjetivo de acuerdo con el caso y el número del sustantivo, por la misma razón que lo hacían variar según el género: el amor a la analogía y a cierta regularidad de sonido. En la significación de los adjetivos no hay ni caso ni número, y el significado de tales palabras es siempre precisamente el mismo, a pesar de la variedad de terminaciones bajo las que aparecen. *Magnus vir, magni viri, magnorum virorum; un gran hombre, de un gran hombre, de grandes hombres*: en todas estas expresiones las palabras *magnus, magni, magnorum*, así como también la palabra *gran*, tienen exactamente la misma significación, aunque los sustantivos a los que se les aplican no lo tienen. La diferencia de terminación en el adjetivo no está acompañada por ningún tipo de diferencia de significado. Un adjetivo denota la cualificación de un sustantivo. Pero las diferentes relaciones en las que ese sustantivo quizás aparezca ocasionalmente pueden no generar ningún tipo de diferencia en su cualificación.

Si las declinaciones de las lenguas antiguas son tan complejas, sus conjugaciones lo son infinitamente más. Y la complejidad de estas se funda en el mismo principio que la de las otras: la dificultad de formar términos abstractos y generales en los comienzos de la lengua.

Los verbos necesariamente tienen que haber sido contemporáneos a los primeros intentos de conformación de la lengua. Ninguna afirmación puede expresarse sin la ayuda de algún verbo. Nunca hablamos sino para expresar nuestra opinión sobre lo que una cosa es o no es. Pero la palabra que denota este evento, o este hecho, que es el sujeto de nuestra afirmación, debe ser siempre un verbo.

Los verbos impersonales, que expresan en una palabra un evento completo, que preservan en la expresión esa simplicidad y unidad perfectas, que siempre existe en el objeto y en la idea, y que no supone abstracción o división metafísica del evento entre sus miembros constituyentes de sujeto y atributo serían, con toda probabilidad, la especie de verbos inventada en primer lugar. Cada uno de los verbos *pluit, llueve*; *ningit, nieva*; *tonat, truena*; *lucet, es de día*; *turbatur, hay una confusión*; etc., expresa una afirmación completa, la totalidad de un evento, con esa simplicidad y unidad perfectas con que la mente lo concibe en la naturaleza. Por el contrario, las frases *Alexander ambulat, Alexander camina*; *Petrus sedet, Pedro se sienta*, dividen el evento, por así decirlo, en dos partes: la persona o sujeto, y el atributo o el hecho afirmado sobre ese sujeto. Pero en la naturaleza la idea o concepción de Alexander caminando es una concepción tan perfecta y completamente simple como la de Alexander no caminando. Por tanto, la división de ese evento en dos partes es completamente artificial, y es el efecto de la imperfección de la lengua, la que en esta, como en muchas otras ocasiones, suple con cierta cantidad de palabras la falta de una única que pudiera expresar simultáneamente la totalidad del hecho que se quería afirmar. Cualquiera puede observar cuánta más simplicidad hay en la expresión natural *pluit* que en las expresiones más artificiales *imber decidit, la lluvia cae*; o *tempestas est pluvia, el tiempo está lluvioso*. En estas dos últimas expresiones el evento simple, o el hecho, está artificialmente escindido y dividido: en la primera, en dos partes, y en la otra, en tres. En cada una de ellas se expresa por un tipo de circunloquio gramatical, en el cual el significado se funda en cierto análisis metafísico de las partes componentes de la idea expresada por la palabra *pluit*. Por tanto, los primeros verbos, quizás incluso las primeras palabras, utilizados en los comienzos de la lengua serían con toda probabilidad tales verbos impersonales. De acuerdo con esto, como dije, los gramáticos hebreos observan que las palabras radicales de su lengua, de las que se derivan las demás, son todas verbos, y verbos impersonales.

Es fácil concebir de qué manera, con el progreso de la lengua, aquellos verbos impersonales se convirtieron en personales. Permítasenos suponer, por ejemplo, que la palabra *venit*, viene, fuera originalmente un verbo impersonal, y que no denotara la venida de alguna cosa en general, como en la actualidad, sino la venida de un objeto particular, tal como *el león*. Supondremos que los primeros salvajes inventores de la lengua, cuando observaban la proximidad de ese terrible animal, acostumbraban alertarse unos a otros *venit*, esto es, *el león viene*, y que esa palabra expresaba, así, un evento completo, sin la ayuda de ninguna otra. Posteriormente, cuando con el mayor progreso de la lengua comenzaron a dar nombres a las sustancias particulares, cada vez que observaban aproximarse a cualquier otro objeto terrible, naturalmente ,unían el nombre de ese objeto a la palabra *venit*, y gritaban, *venit ursus, venit lupus*. Gradualmente, la palabra *venit* llegaría a significar, así, el advenimiento de cualquier objeto terrible, y no meramente el del león. Por tanto, no expresaría ahora el advenimiento de un objeto particular, sino el de un objeto de una clase particular. Al volverse más general en su significación, no podía representar más cualquier evento particular y distinto por sí mismo, y sin la ayuda de un sustantivo que pudiera servir para establecer y determinar su significación. Por tanto, se convertiría en un verbo personal en lugar de un verbo impersonal. Fácilmente podemos concebir de qué manera, a medida que iba progresando la sociedad, la significación de la lengua podía crecer en su generalización, hasta llegar a significar, como hoy en día, la aproximación de cualquier cosa, sea buena, mala o indiferente.

Probablemente, de alguna manera similar a esta, casi todos los verbos se volvieron personales y la humanidad aprendió gradualmente a escindir y dividir casi cualquier evento en un gran número de partes metafísicas, expresadas mediante las diferentes partes del discurso, variadamente combinadas en los distintos miembros de cada frase y oración[3]. Parece que el mismo tipo de progreso se hizo en el arte de hablar, así como también en el arte de escribir. Cuando la humanidad comenzó a intentar expresar sus ideas mediante la escritura, cada carácter representaba una palabra completa. Pero como el número de palabras es casi infinito, la memoria se encontró sobrecargada y oprimida por la multiplicidad de caracteres que debía retener. Por tanto, la necesidad les enseñó a los seres humanos a dividir las palabras en sus elementos y a inventar caracteres que no representaban las palabras mismas, sino los elementos de los que estaban compuestas. A consecuencia de esta invención, cada palabra particular comenzó a representarse no por un carácter, sino por una multiplicidad de caracteres, y su expresión en la escritura se volvió mucho más intrincada y compleja que antes. Pero aunque las palabras particulares se expresaban, entonces, por un número mayor de caracteres, la lengua en su conjunto necesitaba de un número mucho menor, y aproximadamente veinticuatro letras fueron capaces de tomar el lugar de esa inmensa multiplicidad de caracteres que se requerían antes. De la misma manera, en los comienzos de la lengua, parece que los hombres intentaban expresar cada evento particular por ellos percibido mediante una palabra particular que expresara de una vez la totalidad de ese evento. Pero como en ese caso el número de palabras debe haber sido verdaderamen-

---

[3] Como la mayor parte de los verbos expresan, actualmente, no un evento, sino el atributo de un evento, y consecuentemente requieren un sujeto o caso nominativo para completar su significación, algunos gramáticos, sin haber considerado este progreso de la naturaleza, y deseosos de que sus reglas comunes fuesen totalmente universales y sin ninguna excepción, han insistido en que todos los verbos requieren un nominativo, ya sea expresado o entendido; y, de acuerdo con esto, se han impuesto a sí mismos la tortura de hallar algunos nominativos complicados para aquellos pocos verbos, que aun expresando un evento completo, directamente no admiten ninguno. *Pluit,* por ejemplo, según Sanctius, significa *pluvia pluit;* en inglés, *the rain rains* [la lluvia llueve]. Véase *Sanctii Minerva,* I. 3. C. 1

te infinito, a causa de la variedad infinita de eventos, los hombres se encontraron en parte compelidos por la necesidad, y en parte conducidos por la naturaleza, a dividir cada evento en lo que pueden denominarse sus elementos metafísicos, y a instituir las palabras, que no denotaban tanto los eventos sino los elementos de los que estaban compuestos. La expresión de cada evento particular se volvió de esta manera más intrincada y compleja, pero el sistema de la lengua como un todo se volvió más coherente, mejor conectado, más fácil de retener y comprender.

Cuando los verbos, de ser originalmente impersonales, se convirtieron en personales por la división del evento en sus elementos metafísicos, es natural suponer que primeramente fueran utilizados en la tercera persona del singular. Ningún verbo se usa de manera impersonal en nuestra lengua ni, según conozco, en ninguna otra lengua moderna. Pero en las lenguas antiguas, cuando un verbo se usa impersonalmente es siempre en la tercera persona del singular. La terminación de esos verbos, que siguen siendo impersonales, es invariablemente la misma que la de la tercera persona del singular de los verbos personales. La consideración de estas circunstancias, junto con la naturalidad de la cosa misma, puede que nos sirva para convencernos de que los verbos se convirtieron primeramente en personales en lo que ahora se llama la tercera persona del singular.

Pero como el evento, o el hecho, que se expresa por un verbo puede afirmarse, ya sea de la persona que habla o de la persona a la que se habla, así como también de alguna tercera persona u objeto, se tornó necesario recurrir a algún método para expresar esas dos relaciones peculiares del evento. En la lengua inglesa esto se hace comúnmente prefijando los denominados pronombres personales a la palabra general que expresa el evento afirmado. *I came, you came, he* or *it came* [*yo vine, tú viniste, él* o *eso vino*]: en esas frases el evento de haber venido se afirma, en el primer caso, acerca del hablante; en el segundo caso, acerca de la persona con quien se habla; en el tercer caso, acerca de alguna otra persona u objeto. Puede que los primeros formadores de la lengua, es de imaginarse, hayan hecho lo mismo, prefijando de igual manera los dos primeros pronombres personales a la misma terminación del verbo, que expresaba la tercera persona del singular. Igualmente pueden haber dicho *ego venit, tu venit*, así como también, *ille* o *illud venit*. Y no tengo dudas de que lo habrían hecho si al momento de tener que expresar inicialmente estas relaciones del verbo hubiesen existido palabras como *ego* o *tu* en su lengua. Pero en este período temprano de la lengua que ahora nos empeñamos en describir es extremadamente improbable que cualquiera de esas palabras fuese conocida. Aunque la costumbre las ha vuelto familiares para nosotros en la actualidad, ambas expresan ideas extremadamente metafísicas y abstractas. La palabra *yo*, por ejemplo, es una palabra de una especie muy particular. Cualquier hablante puede denotarse a sí mismo por ese pronombre personal. La palabra *yo*, por tanto, es una palabra general, capaz de ser predicada, como dicen los lógicos, de una variedad infinita de objetos. Sin embargo, difiere de todas las otras palabras generales en este respecto: que los objetos de los que puede predicarse no forman ninguna especie particular de objetos distintos de todos los otros. La palabra *yo* no denota, como la palabra *hombre*, una clase particular de objetos, separados de todos los otros por sus propias características peculiares. Está lejos de ser el nombre de una especie, sino que, al contrario, cada vez que se usa denota siempre un individuo preciso, la persona particular que habla en ese momento. Puede decirse que es simultáneamente ambas cosas, tanto lo que los lógicos llaman un término singular como lo que denominan un término común; uniendo en su significado las cualidades aparentemente opuestas de la más precisa individualidad con la más extensiva generalización. Por lo tanto, al expresar una idea tan abstracta y metafísica, esta palabra no se les ocurriría fácil y rápidamente a los primeros formadores de la lengua. Puede observarse que los denominados pronombres personales están entre las últimas palabras que los niños aprenden a usar. Un niño hablando de sí mismo dice *Billy camina*, *Billy se sienta*, en lugar de *yo camino*, *yo me siento*. Por tanto, como en los comienzos de la lengua, al parecer, la humanidad evitaba inventar al menos las preposiciones más abstractas y expresaba las mismas relaciones que *ahora* mediante la variación de la terminación del término correlativo, así también intentaba de manera natural sortear la necesidad de inventar aquellos pronombres más abstractos mediante la variación de la terminación del verbo, según el evento que se expresaba quisiera afirmarse acerca de la primera, segunda o tercera persona. Esta parece ser, por consiguiente, la práctica universal de todas las lenguas antiguas. En latín *veni*, *venisti*, *venit*, denotan acabadamente, sin otra adición, los diferentes eventos expresados por las frases en inglés *I came*, *you came*, *he* or *it came* [*yo vine*, *tú viniste*, *él* o *eso vino*]. Por la misma razón, el verbo variaba sus terminaciones, según que el evento pretendiera afirmarse sobre la primera, segunda o tercera persona del plural; y lo que se expresa por las frases en inglés *we came*, *you came*, *they came* [*nosotros vinimos*, *vosotros vinisteis*, *ellos vinieron*] se denotaba por las palabras latinas *venimus*, *venistis*, *venerunt*. Asimismo, aquellas lenguas primitivas, que en razón de la dificultad de inventar numerales introdujeron un dual, así como también un número plural en la declinación de sus sustantivos, probablemente, por analogía, hicieron lo mismo en la conjugación de sus verbos. Y así en todas aquellas lenguas originales podríamos esperar encontrar al menos seis, si no ocho o nueve variaciones en la terminación de cada verbo, según que el evento que denotaba pretendiera afirmarse acerca de la primera, segunda o tercera persona del singular, dual o plural. De la misma manera, estas variaciones, repitiéndose junto con otras a través de todos sus diferentes tiempos verbales, modos y voces, necesariamente deben haber vuelto sus conjugaciones aún más intrincadas y complejas que sus declinaciones.

La lengua probablemente se hubiera desarrollado sobre esta misma base en todos los países y no se hubiera vuelto más simple en sus declinaciones y conjugaciones de no haberse complejizado en su composición a causa de la mezcla entre varias lenguas, ocasionada por la mixtura entre diferentes naciones. En la medida en que una lengua era hablada solo por aquellos que la aprendían en su infancia, la complejidad de sus declinaciones y conjugaciones no causaba grandes problemas. La mayor parte de los que la hablaban la incorporaban en un período tan temprano en sus vidas, tan imperceptible y gradualmente, que casi no sentían signo alguno de dificultad. Pero cuando dos naciones se mezclaban, sea por conquista o por migración, la situación era muy diferente. Cada nación, para hacerse entender con quienes necesitaban conversar, estaba obligada a aprender la lengua de la otra. Asimismo, la mayor parte de los individuos, al no aprender la nueva lengua sistemáticamente, o remontándose a sus elementos y primeros principios, si no de memoria y por lo que escuchaban comúnmente en las conversaciones, se sorprendían extremadamente por lo intrincado de sus declinaciones y conjugaciones. Por tanto, se empeñaban por subsanar su ignorancia mediante cualquier modificación que la lengua les permitiera. Naturalmente sustituían su desconocimiento de las declinaciones mediante el uso de las preposiciones, y un lombardo, que estaba intentado hablar latín y quería expresar que tal persona era ciudadano de Roma, o un benefactor de Roma, si no estaba familiarizado con los casos genitivo y dativo de la palabra *Roma*, se expresaba prefijando las preposiciones *ad* y *de* al nominativo; y, en vez de *Roma*, decía, *ad Roma*, y *de Roma*. *Al Roma* y *di Roma*, en consecuencia, es la manera en que los italianos actuales, los descendientes de los antiguos lombardos y romanos, expresan esta y otras relaciones similares. Y, de esta manera, parece que las preposiciones se introdujeron en lugar de las antiguas declinaciones. Según estoy informado, la misma alteración se ha producido en la lengua griega a partir de la toma de Constantinopla por los turcos. En gran medida, las palabras son las mismas que antes, pero la gramática se perdió completamente, ya que las preposiciones reemplazaron a las antiguas declinaciones. Este cambio es indudablemente una simplificación

en la lengua a nivel de sus elementos y principios. En lugar de una
gran variedad de declinaciones, introduce una declinación universal que es igual en cada palabra, cualquiera sea su género, número o terminación.

Un recurso similar permite a los hombres, en la situación antes mencionada, deshacerse de casi toda la complejidad de sus
conjugaciones. En todas las lenguas hay un verbo, conocido por
el nombre de verbo sustantivo [*substantive verb*], en latín, *sum*;
en inglés, *I am* [*yo soy*]. Este verbo no denota la existencia de un
evento en particular, sino la existencia en general. Por esta razón,
es el verbo más abstracto y metafísico de todos y, consecuentemente, de ninguna manera puede haber sido una palabra de invención temprana. No obstante, como cuando se inventó tenía
todos los tiempos y modos de cualquier otro verbo, mediante su
unión con el participio pasivo fue capaz de suplantar a toda la voz
pasiva, y de tornar esta parte de sus conjugaciones más simple y
uniforme, así como el uso de las preposiciones sustituyó sus declinaciones. Si un lombardo quería decir *I am loved* [*yo soy amado*],
pero no podía recordar la palabra *amor*, naturalmente se empeñaba en subsanar su ignorancia diciendo *ego sum amatus*. *Io sono
amato* es actualmente la expresión italiana que corresponde a la
frase en inglés mencionada arriba.

Hay otro verbo que, de la misma manera, se encuentra en todas las lenguas y que se distingue por el nombre de verbo posesivo: en latín, *habeo*; en inglés, *I have* [yo tengo]. Este verbo,
igualmente, denota un evento de una naturaleza extremadamente abstracta y metafísica, y, en consecuencia, no se puede suponer que haya sido una palabra inventada tempranamente. Sin embargo, cuando se inventó, siendo aplicada al participio pasivo, fue
capaz de reemplazar una gran parte de la voz activa, tal como el
verbo sustantivo había suplido la totalidad de la voz pasiva. Si un
lombardo quería decir *yo había amado*, pero no recordaba la palabra *amaveram*, se empeñaba por reemplazarla diciendo *ego habe-
bam amatum*, o bien *ego habui amatum Io avevá amato*, o *Io ebbi*

amato son las expresiones italianas correspondientes en la actualidad. Y así, con la mixtura entre diferentes naciones, las conjugaciones se fueron aproximando a la simplicidad y uniformidad de las declinaciones mediante distintos verbos auxiliares.

En general, puede establecerse como máxima que cuanto más simple sea una lengua en su composición, más compleja debe ser en sus declinaciones y conjugaciones, y, por el contrario, cuanto más simple en sus declinaciones y sus conjugaciones, más compleja será en su composición.

El griego parece ser en gran medida una lengua simple, no compuesta, formada a partir de la jerga primitiva de aquellos salvajes nómadas, los antiguos helenos y pelasgos, de los que la nación griega dice haber descendido. Todas las palabras en griego derivan de aproximadamente trescientas palabras primitivas, una clara evidencia de que los griegos formaron su lengua casi enteramente por sí mismos, y cuando necesitaban una palabra nueva, no solían, como nosotros, tomarla de alguna lengua extranjera, sino que la creaban ellos mismos por composición o derivación de alguna otra palabra o palabras en su propia lengua. Por tanto, las declinaciones y conjugaciones del griego son mucho más complejas que las de cualquier otra lengua europea con la que esté familiarizado.

El latín es una composición de las lenguas griega y toscana antigua. En consecuencia, sus declinaciones y conjugaciones son mucho menos complejas que las del griego. El número dual de ambas lenguas no subsistió en latín. Los verbos en latín no tienen un modo optativo diferenciado por una terminación peculiar. No tienen más que un futuro. No tienen un modo aoristo distinto del pretérito perfecto, no tienen voz media, e incluso muchos de sus tiempos verbales en la voz pasiva se mantienen, de la misma manera que en las lenguas modernas, mediante la ayuda del verbo sustantivo unido al participio pasivo. En ambas voces, el número de los infinitivos y participios es mucho menor en el latín que en el griego.

La lengua francesa está compuesta por el latín y la lengua de los antiguos francos, mientras que la italiana también por el latín, y por la lengua de los antiguos lombardos. Como ambas lenguas son, por tanto, más complejas en su composición que el latín, son, asimismo, más simples en sus declinaciones y conjugaciones. Con respecto a sus declinaciones, ambas perdieron sus casos por completo, y con respecto a sus conjugaciones, perdieron enteramente la voz pasiva y alguna parte de las voces activas de sus verbos. Suplen por completo la falta de voz pasiva mediante el verbo sustantivo unido al participio pasivo, y construyen parte de la voz activa del mismo modo, con la ayuda del verbo posesivo y el mismo participio pasivo.

El inglés está compuesto por la lengua francesa y por las antiguas lenguas sajonas. El francés se introdujo en la Bretaña a través de la conquista normanda, y hasta los tiempos de Eduardo III continuó siendo la única lengua legal, así como también la principal lengua de la corte. El inglés que se habló después, y que se continúa hablando actualmente, es una mezcla entre el antiguo sajón y ese francés normando. Por tanto, así como la lengua inglesa es más compleja en su composición que el francés o el italiano, es, igualmente, más simple en sus declinaciones y conjugaciones. Esas dos lenguas al menos mantienen una parte de la distinción de géneros, y sus adjetivos varían su terminación según se apliquen a un sustantivo masculino o femenino. Pero no hay tal distinción en la lengua inglesa, cuyos adjetivos no admiten variaciones de terminación. Tanto el francés como el italiano poseen resabios de una conjugación, y todos esos tiempos de la voz activa que no se pueden expresar por el verbo posesivo unido al participio pasivo, así como también muchos de los que sí pueden serlo, en aquellas lenguas se indican variando la terminación del verbo principal. Pero en el inglés casi todos esos tiempos se expresan mediante otros verbos auxiliares, es por ello que en esta lengua casi no quedan ni resabios de una conjugación. *I love, I loved, loving* [*yo amo, yo amé, amando*] son todas las variantes de terminación que admite la mayor parte de los verbos en inglés. Todas las diferentes modificaciones de significado que no se puedan expresar por ninguna de esas tres terminaciones deben construirse mediante distintos verbos auxiliares unidos a algunos otros verbos. Dos verbos auxiliares suplen todas las deficiencias de las conjugaciones del francés y del italiano; se requiere más de media docena para suplir las del inglés, ya que, además de los verbos sustantivo y posesivo, utiliza los auxiliares *do, did; will, would; shall, should; can, could; may, might*.

Es de este modo que una lengua deviene más simple en sus elementos y principios, justamente en proporción al aumento de complejidad en su composición; y le ocurrió lo mismo que suele pasar con las maquinarias mecánicas. Al ser inventadas, generalmente todas las máquinas son extremadamente complejas en sus inicios, y usualmente existe un principio particular de moción para cada movimiento particular que se les requiere. Los desarrolladores subsiguientes observan que un principio puede aplicarse de modo tal que produzca varios de esos movimientos, y así la máquina se vuelve gradualmente más y más simple, y produce sus efectos con menos ruedas y menos principios motores. De la misma manera, en una lengua cada caso de cada sustantivo, y cada tiempo de cada verbo, originalmente se expresaba por una palabra distinta y particular, que servía para este propósito y para ningún otro. Pero las observaciones siguientes descubrieron que un conjunto de palabras era capaz de ocupar el lugar de toda esa infinita cantidad, y que cuatro o cinco preposiciones y media docena de verbos auxiliares eran capaces de alcanzar el objetivo de todas las declinaciones y conjugaciones en las lenguas antiguas.

Pero esta simplificación de las lenguas, aunque quizás surge a partir de causas similares, de ninguna manera conlleva efectos similares a los de la correspondiente simplificación de las máquinas. La simplificación de las máquinas las vuelve más y más perfectas, pero esta simplificación de los elementos de las lenguas las vuelve más y más imperfectas, y menos apropiadas para muchos de los propósitos de la lengua, y esto por las siguientes razones.

En primer lugar, mediante esta simplificación las lenguas se vuelven más perifrásticas, se necesitan muchas palabras para expresar lo que antes podía expresarse con una sola. Así, las palabras *Dei* y *Deo* en el latín muestran acabadamente, sin ninguna adición, qué relación guarda el objeto significado con los demás objetos expresados por las otras palabras en la oración. Pero para expresar la misma relación en inglés, y en todas las otras lenguas modernas, debemos utilizar al menos dos palabras, y decir *de Dios, a Dios*. Por tanto, en lo que respecta a las declinaciones, las lenguas modernas son mucho más perifrásticas que las antiguas. La diferencia es aún mayor en cuanto a las conjugaciones. Lo que un romano expresaba mediante una sola palabra, *amavissem*, un inglés debe expresarlo mediante cuatro palabras diferentes: *I should have loved* [*yo debería haber amado*]. No es necesario molestarse en mostrar hasta qué punto esta verbosidad debilita la elocuencia de las lenguas modernas. Es bien sabido por quienes tienen alguna experiencia en composición en qué medida la belleza de una expresión depende de su concisión.

En segundo lugar, esta simplificación de los principios de las lenguas las torna menos agradables al oído. La variedad de terminaciones en el griego y el latín, a causa de sus declinaciones y conjugaciones, brinda una dulzura a su lengua completamente desconocida por la nuestra, y una variedad ajena a cualquier otra lengua moderna. En referencia a dicha dulzura, quizás el italiano pueda superar al latín y casi igualar al griego, pero respecto de la variedad, es por mucho inferior a ambos.

En tercer lugar, esta simplificación no solo vuelve los sonidos de nuestra lengua menos agradables al oído, sino que además no nos permite disponer de tales sonidos como debiéramos para que resulten más agradables. Asocia muchas palabras a una situación particular, aunque a menudo podrían ubicarse en otro lugar con mucha más belleza. En el griego y el latín, aunque el adjetivo y el sustantivo estén separados, la correspondencia de sus terminaciones indicaba aún su referencia mutua, y la separación no causaba ningún tipo de confusión necesariamente. Así, en la primera línea de Virgilio,

Tityre tu patulae recubans sub tegmine fagi;

fácilmente vemos que *tu* se refiere a *recubans*, y *patulae* a *fagi*, aunque las palabras relacionadas están separadas por la intervención de varias otras; porque las terminaciones determinan su mutua referencia al mostrar la correspondencia de sus casos. Pero si quisiéramos traducir literalmente esta línea al inglés y decir: *Tityrus, thou of spreading reclining under the shade beech*, el mismo Edipo no le hubiera encontrado sentido, porque aquí no hay diferencia de terminación para determinar qué adjetivo le pertenece a cada sustantivo. Lo mismo ocurre con los verbos. En latín, el verbo con frecuencia puede ubicarse en cualquier parte de la oración, sin ninguna inconveniencia o ambigüedad. Pero en inglés su ubicación casi siempre está determinada con precisión. Debe seguir al miembro subjetivo y preceder al miembro objetivo de la frase en casi todos los casos. Así, si en latín dices *Joannem verberavit Robertus*, o *Robertus verberavit Joannem*, el sentido es exactamente el mismo, y la terminación establece a Juan como paciente en ambos casos. Pero en inglés, *John beat Robert* [Juan golpeó a Roberto] y *Robert beat John* [Roberto golpeó a Juan] de ninguna manera significan lo mismo. Por tanto, el lugar de los tres miembros principales de la frase en inglés, y por la misma razón en francés e italiano, está casi siempre determinado con precisión, mientras que en las lenguas antiguas se permite una mayor laxitud, y el lugar de esos miembros a menudo es, en gran medida, indiferente. Debemos recurrir a Horacio para interpretar algunas partes de la traducción literal de Milton:

> Who now enjoys thee credulous all gold,
> Who always vacant, always amiable
> Hopes thee; of flattering gales
> Unmindful—

> [Quien ahora goza confiado de ti, que eres de oro,
> Quien siempre disponible, siempre amable
> Te espera; de lo tornadizo de la briza
> Descuidado—][4]

son versos imposibles de interpretar a través de cualquier regla de nuestra lengua. No hay reglas en nuestra lengua mediante las que un hombre pueda descubrir que, en la primera línea, *credulous* [*confiado*] se refiere a *who* [*quien*], y no a *thee* [*ti*]; o que *all gold* [*que eres de oro*] no refiere a cosa alguna; o que en la cuarta línea, *unmindful* [*descuidado*], se refiere a *who* [*quien*], en la segunda, y no a *thee* [*te*] en la tercera; o, por el contrario, que en la segunda línea, *always vacant, always amiable* [*siempre disponible, siempre amable*], se refiere a *thee* [*te*] en la tercera, y no a *who* [*quien*] de la misma línea. En efecto, en latín todo esto es bastante llano.

> Qui nunc te fruitur credulus aurea,
> Qui semper vacuam, semper amabilem
> Sperat te; nescius aurae fallacis.

---

[4]   [*N. de T.*] Esta traducción de la Oda I.v. de Horacio se basa en la de José Luis Moralejo, quien traduce directamente del latín: «El incauto que ahora goza confiado del oro que tú eres; ese que espera que estés siempre disponible y siempre amable, ¡sin saber lo tornadiza que es la brisa!» (Gredos, 2007, pág. 259) Las modificaciones responden al análisis que Smith realiza a continuación, considerando la traducción al ingles de Milton.

Porque las terminaciones en el latín determinan la referencia de cada adjetivo a su sustantivo correspondiente, cosa que es absolutamente imposible de hacer en inglés. Difícilmente pueda imaginarse hasta qué punto esta capacidad de trasponer el orden de sus palabras debe haber facilitado la composición de los antiguos, tanto en verso como en prosa. No hace falta observar que esto debe haber facilitado en gran medida su versificación; y, en prosa, como cualquier clase de belleza depende de la disposición y construcción de los diversos miembros del período, deben haberla logrado mucho más fácilmente y con mucha mayor perfección que aquellos cuya expresión está permanentemente confinada por el constreñimiento, la monotonía y la verbosidad de las lenguas modernas.

FIN

ESCRITOS PRELIMINARES
DE LA *RIQUEZA DE LAS NACIONES*

I. BORRADOR DE PARTE DE LA *RIQUEZA DE LAS NACIONES*

Cap. 2. De la naturaleza y causas de la opulencia pública

El trabajo que un individuo solo realiza por sí mismo, evidentemente, no es para nada suficiente para proveerle su alimento, vestido y albergue, no digo para disfrutar de los mayores lujos, sino ni siquiera para satisfacer los apetitos naturales que tendría el campesino más austero en cualquier sociedad civilizada. Observe de qué manera un jornalero común en Bretaña o en Holanda alcanza todas esas cosas y notará que su lujo es muy superior al de muchos príncipes indios, amos absolutos de las vidas y libertades de un millar de salvajes desnudos. El abrigo de lana que cubre al jornalero, por más áspero y tosco que pueda parecer, no se hubiera producido sin el trabajo conjunto de una gran cantidad de artesanos. El pastor, el agricultor, el esquilador, el clasificador de lana, el seleccionador, el peinador, el tintorero, el cardador, el hilandero, el tejedor, el batanero, el descadillador, todos deben unir sus diferentes artes para lograr esta tan sencilla producción. Por no mencionar a los comerciantes y transportistas, quienes llevan el material desde uno de estos artesanos hasta el otro, quienes usualmente viven en regiones muy distantes; cuántos otros artesanos se emplean para producir las herramientas, incluso las más simples. Ni qué hablar de una máquina tan compleja como el telar del tejedor o el batán del batanero; menos aún del inmenso comercio y navegación, de la construcción de embarcaciones, la fabricación de velas y amarras, necesarias para reunir los diferentes químicos que utiliza el tintorero, que suelen provenir de los más remotos rincones del mundo. Solamente piense en la gran variedad de trabajo necesaria para producir esa máquina tan simple: la tijera del esquilador. El minero, el constructor del horno para

fundir el mineral, el carbonero del carbón que se utilizará en esa
operación, el leñador de la madera de la que está hecho el carbón,
el fabricante de ladrillos, el albañil, el fundidor, el constructor de
molinos, el forjador, el herrero, todos deben combinar sus diferentes labores para producir las tijeras. Si examináramos del mismo modo todas las otras partes de su vestuario y el mobiliario de
la casa, la camisa áspera de lino que usa sobre su piel, los zapatos que cubren sus pies, la cama en la que yace, y todas las distintas partes que la componen, la parrilla de la cocina en la que prepara sus comidas, el carbón que usa para cocinar, extraído de las
entrañas de la tierra, y transportado hasta él, quizás, a través de
un largo viaje por mar y por tierra, todos los otros utensilios de
su cocina, todos los enseres de su mesa, los cuchillos y tenedores,
los platos de porcelana de Delft o de peltre sobre los que sirve y
raciona su comida, las muchas manos que se emplean en preparar su pan y su cerveza, el labrador, el sembrador del cereal, el segador, el trillador, el maltero, el molinero, el cervecero, el panadero, con todos los otros artesanos que surten a cada uno de ellos
con las herramientas para sus respectivos oficios, la ventana de vi-
drio que deja entrar el calor y la luz y protege del viento y la lluvia, y todo el conocimiento y el arte necesarios para preparar esa
bella y feliz invención, sin la cual estas partes septentrionales del
mundo difícilmente hubieran sido habitables, al menos por esta
raza afeminada y delicada de mortales que actualmente residen
aquí. Si examinamos, digo, todas esas diferentes comodidades y
lujos que disfruta, y consideramos la variedad de trabajos empleados en cada una de ellas, comprenderemos que sin la asistencia y
cooperación de muchos miles de individuos la persona más sencilla en una sociedad civilizada no podría mantenerse, incluso de
la manera que muy falsamente imaginamos como simple y sencilla, a la que está comúnmente acostumbrada. En efecto, comparado con el lujo más extravagante de los poderosos, su comodidad debe parecer, sin dudas, extremadamente simple y sencilla; y
sin embargo, quizás sea cierto que las comodidades de un prínci-

pe europeo no superan tanto a las de un campesino industrioso y frugal como las comodidades de este último a las del jefe de una nación salvaje de Norteamérica.

No sería muy difícil explicar cómo ocurre que el rico y poderoso en una sociedad civilizada llega a mantenerse mejor con las comodidades y cosas necesarias para la vida que lo que cada persona por sí misma puede hacerlo en un estado salvaje y solitario. Es fácil concebir que la persona que en todo momento puede dirigir los trabajos de miles de individuos para sus propios fines esté mejor provista de cualquier cosa que necesite, comparada con aquella que depende solo de su propia industria. Pero quizás no sea tan fácil entender cómo es que el trabajador y el campesino se mantengan mejor. En una sociedad civilizada, los pobres no solo se mantienen a sí mismos sino también a los enormes lujos de sus superiores. La renta que sostiene la vanidad del terrateniente indolente se obtiene, en su totalidad, de la industria del campesino. El hombre adinerado se permite toda clase de sensualidad innoble y sórdida a expensas de mercaderes y comerciantes, a quienes les presta su capital a interés. De la misma manera, todos los indolentes y frívolos servidores de la corte se alimentan, se visten, y se hospedan gracias al trabajo de quienes pagan los impuestos que los mantienen. Por el contrario, entre los salvajes, cada individuo disfruta del producto total de su propia industria. Entre ellos no hay terratenientes, ni usureros, ni recaudadores. Por lo tanto, naturalmente esperaríamos —si la experiencia no demostrara lo contrario— que cada individuo entre ellos tuviera una cantidad de comodidades y cosas necesarias para la vida mucho mayor que las que puede poseer el rango inferior de personas en una sociedad civilizada.

Lo que incrementa considerablemente esta dificultad es la consideración de que, según parece, el trabajo de cien o de cien mil hombres debería mantener a cien o cien mil hombres en la misma proporción que el trabajo de un hombre mantiene a un hombre. Por tanto, suponiendo que el producto del trabajo de la

multitud estuviera justa y equitativamente dividido, cada individuo —sería de esperarse— apenas se mantendría mejor que la
persona que trabaja sola. Sin embargo, con respecto al producto
del trabajo de una gran sociedad, no existe nunca tal cosa como
una división justa y equitativa. En una sociedad de cien mil familias habrá quizás cien que no trabajan en absoluto, y que, sin
embargo, ya sea mediante la violencia o la más pacífica opresión
de la ley, emplean una mayor parte del trabajo de la sociedad que
otras diez mil. Incluso la división del excedente, después de este
tremendo desfalco, de ninguna manera se realiza en proporción
al trabajo de cada individuo. Al contrario, aquellos que más trabajan reciben menos. El mercader opulento, que dedica gran parte de su tiempo en lujos y entretenimientos, disfruta de una proporción mucho mayor de las ganancias de su comercio que todos
los empleados y contadores que hacen el negocio. Estos últimos,
de nuevo, que gozan de gran tranquilidad y no sufren mucho más
que el confinamiento de la oficina, disfrutan de una parte mucho
mayor del producto que el triple de igual número de artesanos,
quienes, bajo su dirección, trabajan de manera mucho más dura
y constante. El artesano, una vez más, aunque trabaja generalmente bajo techo, protegido de las inclemencias del tiempo, cómodamente y ayudado por innumerables máquinas, disfruta de
una parte mucho mayor que la del pobre trabajador que debe li-
diar con el suelo y las estaciones, y que mientras proporciona los
materiales para mantener el lujo de todos los otros miembros de
la comunidad y, por así decirlo, que carga sobre sus hombros con
toda la estructura de la sociedad humana, se ve a sí mismo como
si fuera oprimido bajo tierra por ese peso y sepultado fuera del alcance de la vista en los cimientos más profundos del edificio. En
medio de tan opresiva inequidad, ¿de qué manera podremos dar
cuenta de la mayor opulencia y abundancia habitualmente poseí-
da, incluso por este miembro más bajo y menospreciado de la sociedad civilizada, comparada con la que puede alcanzar el salvaje
más respetado y activo?

La división del trabajo, por la que cada individuo se dedica exclusivamente a una rama particular de una actividad, puede explicar por sí sola esa opulencia superior que se da en las sociedades civilizadas y que, a pesar de la inequidad de la propiedad, se extiende hasta el miembro más bajo de la comunidad. Consideremos los efectos de esa división del trabajo tal como ocurre en algunas manufacturas en particular, y a partir de allí estaremos en mejores condiciones para explicar de qué manera opera en el oficio general de la sociedad. Así, para dar un ejemplo muy frívolo, si todas las partes de un alfiler fueran hechas por un hombre, si la misma persona tuviera que extraer el metal de la mina, lo separara del mineral, lo forjara, lo dividiera en pequeñas varillas, luego estirara estas varillas hasta convertirlas en alambre y, por último, transformara ese alambre en alfileres, un hombre, con su máximo esfuerzo, probablemente apenas podría fabricar un alfiler en un año. Por tanto, el precio de un alfiler en ese caso debería ser al menos equivalente al sustento de un hombre por un año. Supongamos que este sea igual a seis libras esterlinas, un pago miserable para una persona de tanto ingenio: el precio de un solo alfiler debería ser de seis libras esterlinas. Suponiendo que el alambre le fuera provisto ya hecho, como en la actualidad, incluso en este caso, imagino, un hombre con su mayor diligencia podría fabricar apenas veinte alfileres en un día, lo que, considerando trescientos días laborales al año, sumaría seis mil alfileres al año: ¡Un incremento enorme! De esta manera, su sustento por un día debe cargarse sobre los veinte alfileres. Supongamos que este sustento equivale a diez peniques —un pago mucho más liberal comparado con el anterior—, debe haber medio penique de este monto cargado sobre cada alfiler por encima del precio del alambre y la ganancia del mercader, lo que haría que el precio de un alfiler fuese alrededor de un penique: un precio que parece nada comparado con el anterior, pero que todavía resulta extravagante respecto del precio que efectivamente tiene. Dado que el fabricante de alfileres dispone de este pequeño excedente, se ocupa muy correctamente de dividir el trabajo entre un gran número de personas. Un hombre estira el alambre, otro lo corta, un tercero le saca punta, un cuarto amuela el otro extremo para colocarle la cabeza, tres o cuatro personas se emplean para hacer la cabeza, en tanto que colocarla es tarea de una persona en particular, bruñir los alfileres es la ocupación de otra, incluso ponerlos en un papel constituye una tarea en sí misma. Cuando esta pequeña operación se divide así entre aproximadamente dieciocho personas, estas quizás podrán hacer, entre todas, más de treinta y seis mil alfileres en un día. Al hacer una dieciochoava parte de treinta y seis mil alfileres, podría pensarse, por tanto, que cada persona hace dos mil alfileres al día, y suponiendo trescientos días laborales al año, diríase que cada persona hace seiscientos mil alfileres al año, es decir, cada persona produce seiscientas mil veces la cantidad de producto que era capaz de producir cuando tenía que proveerse por sí mismo de la maquinaria y de los materiales en conjunto, según la primera suposición; y cien veces la cantidad de producto que era capaz de producir cuando le entregaban el alambre ya hecho, como en el segundo caso. El sustento anual de cada persona, entonces, no debe ser cargado sobre un alfiler, como en la primera suposición, ni sobre seis mil, como en la segunda, sino sobre seiscientos mil alfileres. El dueño del producto, por ende, puede permitirse tanto incrementar los salarios de los trabajadores como también vender la mercancía a un porcentaje mucho más bajo que antes; y en vez de vender los alfileres a seis libras por unidad como en la primera suposición, o a doce peniques la docena como en la segunda, se venden comúnmente varias docenas por medio penique.

La división del trabajo tiene el mismo efecto en todas las otras artes como en esta manufactura insignificante, y ocasiona de la misma manera una inmensa multiplicación de las producciones de cada una. En toda sociedad opulenta, el agricultor no es sino un agricultor; el fabricante, un fabricante. El trabajo necesario para producir cualquier manufactura completa se divide entre un gran número de manos. ¡Cuántas personas distintas se emplean en cada rama de las manufacturas de lino y lana, desde el productor del lino y de la lana hasta los tintoreros y los descadilladores de la tela, o los blanqueadores y aprestadores del lino! La naturaleza de la agricultura, de hecho, no admite tantas subdivisiones de tareas, ni una separación tan tajante entre una actividad y otra, como habitualmente ocurre en las manufacturas. Es imposible separar totalmente la actividad del ganadero de la del agricultor, de la manera en que la labor del carpintero se diferencia comúnmente de la del herrero. El hilandero siempre es una persona diferente del tejedor. Pero el labrador, el que grada la tierra, el sembrador y el segador del cereal usualmente es la misma persona. El hecho de que las ocasiones de realización de sus diferentes tareas se repitan con las diferentes estaciones del año hace imposible que un hombre se emplee exclusivamente en una sola de estas tareas. En relación con la agricultura, sin embargo, en regiones bien cultivadas, las tareas del trillador y del zanjador, al poder hacer su trabajo durante todo el año, usualmente se consideran como tareas completas, distintas y separadas de las otras. Lo mismo ocurre con el fabricante de arados y los fabricantes de los demás instrumentos agrícolas, los forjadores de la guadaña y la hoz, el fabricante de ruedas, carretillas y carros. Es imposible, empero, una separación tan estricta y completa entre las diferentes ramas de trabajo empleadas en agricultura, ya que esta siempre debe retrasar la mejora de su arte para seguir el ritmo de las mejoras de las manufacturas. La nación más opulenta habitualmente superará a todos sus vecinos tanto en agricultura como en manufacturas, pero será siempre más distinguida por su superioridad en las últimas que en la primera, aunque la primera puede ser de mucho mayor valor. El cereal de Francia es igual de bueno, y en las provincias donde se cultiva es relativamente más barato que en Inglaterra, al menos durante las estaciones comunes. Pero los juguetes de Inglaterra, sus relojes, sus artículos de cubertería, sus cerraduras y bisagras de puertas, sus hebillas y botones son en precisión, solidez y per-

fección de lejos superiores a los de Francia, e incluso más bara-
tos al mismo nivel de calidad.

Es la inmensa multiplicación de las producciones de todas las
artes diferentes, a causa de la división del trabajo, la que, a pesar
de la gran inequidad en la propiedad, ocasiona en todas las sociedades civilizadas esa opulencia universal que se disemina a sí
misma hasta el rango más bajo de personas. Se produce una cantidad tan grande de todas las cosas que es suficiente tanto para
satisfacer la prodigalidad indolente y opresiva de los poderosos
como también para cubrir las necesidades de los artesanos y campesinos. Cada hombre realiza una cantidad tan grande de este
producto, que peculiarmente le pertenece, que puede ofrecer una
parte a aquellos que no trabajan en absoluto, y mantener otra parte que le permite proveerse de todas las cosas necesarias y comodidades mediante su intercambio por los productos de otras artes. Supongamos, por caso, para volver al ejemplo simplista que
di anteriormente, que los cien alfileres tenían el valor de un penique —aproximadamente el precio de algún tipo particular de
ellos—. El fabricante de alfileres, que según la suposición precedente puede considerarse que fabrica dos mil alfileres al día, genera producto por un valor de veinte peniques. Si se toman cinco
peniques por el costo del alambre, el desgaste de las herramientas
y las ganancias del dueño del trabajo, entonces restan quince peniques para el salario del artesano, con el que puede comprar todas las cosas necesarias y comodidades para la vida. El caso aquí
es el mismo que si le diera quinientos alfileres a su jefe para que le
provea el alambre, las herramientas y el empleo, y se quedara con
quince mil para intercambiarlos por los productos de las otras artes que necesitara. Por tanto, en relación con la opulencia, la posesión de una mercancía particular es lo mismo que el valor de esa
mercancía particular. Supongamos que mediante sucesivas divi-
siones del trabajo y mejoras en el arte de la fabricación de alfileres se pudieran producir cuatro mil unidades al día. En este caso,
aunque los alfileres fueran valuados un cuarto menos, y vendidos

por tres cuartos de penique los cien, el artesano generaría producto por el valor de treinta peniques al día. Su jefe podría tener diez peniques, o el valor de mil trescientos treinta y tres alfileres, para sus ganancias y gastos, y el artesano conservaría veinte peniques, o el valor de dos mil seiscientos sesenta y siete alfileres para su salario. El precio del producto disminuiría, y el salario del trabajador se incrementaría; el público estaría mejor provisto y los obreros mejor recompensados. No quiero decir que las ganancias se dividan de hecho estrictamente de esta manera, sino que podrían dividirse de esa forma.

Es de este modo como en una sociedad opulenta y comercial el trabajo se vuelve caro y el producto barato; y esas dos circunstancias, que los prejuicios vulgares y las reflexiones superficiales consideran totalmente incompatibles, en la práctica resultan perfectamente consistentes. El alto precio del trabajo no debe considerarse meramente como una prueba de la opulencia general de la sociedad que puede pagar bien a quienes emplea; debe entenderse como aquello que hace a la esencia de la opulencia pública, o en lo que consiste precisamente la opulencia pública. Este estado es propiamente opulento, donde la opulencia se alcanza fácilmente, o donde un poco de trabajo, correcta y juiciosamente empleado, es capaz de procurar abundantemente a cualquier hombre de las cosas necesarias y comodidades para la vida. Evidentemente, ninguna otra cosa puede generalizar o difundir la opulencia universalmente a través de todos los miembros de la sociedad. La opulencia nacional es la opulencia de la totalidad de las personas, que no es sino la gran recompensa al trabajo, y consecuentemente, la gran capacidad de compra que ocasiona. Sin embargo, como este trabajo se aplica con gran habilidad y juicio, como se sostiene por la concurrencia y la fuerza unida de una gran sociedad, y más allá y por encima de todo esto, como es asistido por innumerables máquinas, produce un efecto mucho mayor y genera una cantidad de producto mucho mayor en proporción a la superioridad de su retribución. Por tanto, cuanto más opulenta sea la sociedad, más caro será siempre el trabajo y más barato el producto, y si algunos países opulentos han perdido muchas de sus manufacturas y algunas ramas de su comercio por haber vendido más barato en los mercados extranjeros a causa de comerciantes y artesanos de países más pobres, quienes se contentan con menores ganancias y salarios más exiguos difícilmente podrá decirse que esto haya sido meramente efecto de la opulencia de un país y de la pobreza de otro. Podemos estar seguros de que alguna otra causa debe haber estado involucrada. El país rico debe haber sido responsable de cometer un error grave en su política. Debe haber oprimido a esa rama particular del comercio o manufactura, o bien mediante aranceles e impuestos al consumo [*excises*][1] inapropiados, o a

---

[1] [*N. de T.*] El término *excises* no resulta fácil de traducir directamente, puesto que su significación exacta depende del sistema impositivo al que se esté refiriendo. En su traducción de la *RN*, Franco (FCE, 1999) se vale de los términos «impuestos de consumo» (*v. gr.*, pág. 305), «impuesto» (pág. 397), «sisa» (págs. 436, 442, 446, 447, 583), «derechos» (pág. 459), «ramo de las sisas» [*aides or excise*] (pág. 760), «derechos de sisa» (pág. 781) e «impuestos indirectos» (pág. 725). Por otra parte, en su versión (parcial), Rodríguez Braun (Alianza, 1996) elige directamente el término «impuestos». En cuanto a las ediciones castellanas de las *LJ*, Ruiz Miguel (B, BOE/CEC, 1996) utiliza las expresiones «impuestos sobre aranceles y consumos» [*taxes of customs and excise*] (pág. 191), «exacciones» (pág. 167) y «fielatos» (pág. 41); mientras que Escamilla Castillo y Jiménez Sánchez (A, Comares, 1995) prefieren, como luego hará Rodríguez Braun, el término más general de «impuestos» (págs. 391, 425). En el Libro V de la *RN* dice Smith: «Las especies de consumo, bien sean necesarias o de lujo, pueden ser requeridas a tributar por dos procedimientos diferentes. Puede el consumidor pagar una suma anual por el uso o consumo de determinados artículos, o pueden gravarse los mismos géneros mientras se encuentran en poder del comerciante y antes de que pasen a manos del consumidor. Las cosas que de una manera cómoda se conservan largo tiempo, antes de consumirse totalmente, se ajustan perfectamente al primero de estos procedimientos, en tanto que aquellas otras cuyo consumo es pronto e inmediato reclaman el empleo del segundo. Los impuestos sobre los coches y vajillas son ejemplo del primer caso, y la mayor parte de las otras contribuciones, como las sisas y aduanas [*duties of excise and customs*], pertenecen al segundo» (pág. 775)

través de la insolencia autorizada de los funcionarios de la hacienda pública, frecuentemente más fastidiosos que todos los impuestos que recaudan. O mediante impuestos, lo que por lo tanto, al incrementar los precios de las cosas necesarias para la vida, debe haber hecho más difícil la subsistencia, arruinando así el precio del trabajo, llevándolo a un nivel no natural, mucho más allá de lo que la opulencia de la sociedad por su propia cuenta podría haberlo incrementado. Donde no se han cometido errores de esta clase, como entre individuos un comerciante rico siempre puede vender a menor precio y un manufacturero rico pagar menor salario a uno pobre, así también entre grandes sociedades una nación rica tiene siempre, en cada competencia de comercio y manufacturas, una ventaja igual o superior sobre una nación pobre.

Este crecimiento inmenso de la cantidad de producto generado a causa de la división del trabajo se debe a tres circunstancias diferentes. Primero, al incremento de la destreza de cada obrero en particular; segundo, al ahorro de tiempo que se pierde al pasar de un tipo de trabajo a otro; y por último, a la invención de innumerables máquinas, que facilitan el trabajo y posibilitan a un obrero hacer el trabajo de muchos.

La mejora de la destreza de los obreros incrementa en gran medida la cantidad de producto realizado; y la división del trabajo, al reducir la actividad que cada hombre debe realizar a una operación muy simple, y al hacer de esa operación la única tarea de su vida, necesariamente mejora la destreza del obrero al máximo nivel. Un herrero, que rara vez o nunca se dedicó a fabricar clavos, aunque esté acostumbrado a usar su martillo en cientos de otras operaciones que uno pensaría no muy diferentes, según estoy informado, con su máxima diligencia puede escasamente hacer doscientos o trescientos clavos por día, que además serán de muy mala calidad. Un herrero de campo que hierra caballos, arregla cerraduras y engonza puertas, fabrica y repara zapas, palas y todos los otros instrumentos de agricultura, cuando no tiene ningún trabajo particular entre sus manos, comúnmente dedica su tiempo a fabricar clavos. Esa persona puede, cuando se esfuerza, hacer aproximadamente mil clavos por día, de una calidad bastante buena. He visto a un muchacho de diecinueve años que no había hecho nada más en toda su vida que fabricar clavos. En doce horas podía hacer dos mil trescientos clavos, es decir, casi ocho veces lo que el primero y más del doble que el segundo. La fabricación de un clavo, no obstante, de ninguna manera es una de las actividades más simples. La misma persona prepara el fuego, acciona los fuelles, calienta el hierro, forja cada parte del clavo, y para hacer la cabeza debe cambiar sus herramientas, lo que produce una considerable pérdida de tiempo. A pesar de todo esto, un buen trabajador fabricará cerca de cuatro clavos por minuto. Las diferentes operaciones en que está subdividida la fabricación de un alfiler o un botón de metal son todas mucho más simples, y la destreza adquirida por la persona, cuya única tarea en la vida es hacer eso, es de lejos mucho mayor. La rapidez con que se realizan algunas de las operaciones de estas manufacturas excede ampliamente lo que se podría suponer, de no haberlo visto, que la mano humana fuese capaz de lograr.

Asimismo, la ventaja que se gana mediante el ahorro de tiempo habitualmente perdido en el paso de un tipo de trabajo a otro es sumamente considerable, y mucho mayor que lo que seríamos capaces de imaginar en un primer momento. Es imposible pasar muy rápidamente de algunas tareas a otras que se realizan en lugares distantes y con herramientas muy diferentes. De la misma manera, un tejedor de campo que cultiva una pequeña extensión de tierra pierde buena cantidad de tiempo en pasar del telar al sembradío y del sembradío al telar. Si las dos tareas pueden realizarse en el mismo taller, la pérdida de tiempo es sin duda mucho menor. Sin embargo, incluso en este caso, es muy considerable. Un hombre comúnmente se desplaza un poco para virar sus manos de una clase de actividad a otra muy diversa. Cuando comienza el trabajo nuevo raramente se muestra muy hábil o seguro. Su mente no lo acompaña, y por algún tiempo más bien parece estar jugando antes que dedicarse a un propósito útil. Un hombre activo y de espíritu fuerte, cuando es presionado duramente ante alguna situación particular, pasará con la mayor rapidez de un tipo de trabajo a otro a través una gran variedad de tareas. Pero hasta un hombre activo y de espíritu, sin embargo, debe ser presionado fuertemente antes de que pueda hacerlo. Por lo general, cuando pasa de una cosa a otra, paseará y jugará de la misma manera que un individuo holgazán, aunque indudablemente no en el mismo grado. Este hábito de deambular y de disposición descuidada e indolente, que es natural o más bien necesariamente contraído por todos los trabajadores del campo, que están obligados a cambiar su trabajo y sus herramientas cada media hora, y a utilizar sus manos de veinte maneras diferentes casi todos los días de sus vidas, los vuelve casi siempre muy haraganes y perezosos, e incapaces, incluso ante las ocasiones de mayor presión, de dedicación ardua alguna. Por lo tanto, independientemente de su falta de destreza, esta causa por sí misma hace que la cantidad de producto que genera sea siempre extremadamente insignificante.

Cualquiera debe poder ver cuánto trabajo se compendia y facilita mediante la utilización de la maquinaria adecuada. Gracias al arado, dos hombres con la ayuda de tres caballos cultivarán más terreno de lo que lo harían veinte con una zapa. Un molinero y su criado, con un molino de viento o agua, fácilmente molerán más grano de lo que podrían hacerlo ocho hombres, con su máximo esfuerzo, mediante molinos manuales. Moler grano en un molino manual era el trabajo más duro al que los antiguos habitualmente sometían a sus esclavos, y al que raramente se condenaban a sí mismos, salvo cuando eran culpables de una gran falta. Un molino manual, sin embargo, es una máquina muy ingeniosa que facilita mucho el trabajo, y gracias a la cual puede generarse una cantidad de producto muy superior a la obtenida si el grano fuera triturado en un mortero o con las propias manos, sin la utilización de ninguna maquinaria, para ser restregado hasta transformarlo en polvo entre dos piedras duras, como es práctica no solo de todas las naciones bárbaras sino también de algunas provincias lejanas de este país. Es la división del trabajo la que probablemente dio lugar a la invención de la mayor parte de esas máquinas, por las que el trabajo se facilita y compendia tanto. Cuando todo el poder de la mente se dirige a un objetivo particular, como debe ocurrir a consecuencia de la división del trabajo, la mente está más dispuesta a descubrir el método más fácil para alcanzar ese objetivo que cuando su atención se dispersa entre una gran variedad de cosas. Probablemente fue un agricultor quien inventó la forma original y rudimentaria del arado. Puede que las mejoras que posteriormente se le hicieron a veces pertenezcan al ingenio del fabricante de arados, cuando el negocio se transformó en una ocupación particular, y otras veces al ingenio del agricultor. Difícilmente cualquiera de ellas sea tan compleja que exceda lo que pudiera esperarse de la capacidad de este último. El arado de perforación, el más ingenioso de todos, fue la invención de un agricultor. Algún abatido esclavo, condenado a moler grano entre dos piedras mediante la mera fuerza de sus brazos, prácticamente de la misma manera en que los pintores machacan sus colores actualmente, probablemente haya sido el primero que pensó en sostener la piedra superior con un huso y rotarla mediante una manivela o mango movido horizontalmente, según lo que parece haber sido la forma original y rudimentaria de los molinos manuales. Quien primeramente pensó en hacer pasar el huso a través de la piedra inferior, que está fija, uniéndola con un tornillo, y rotando ese tornillo mediante una rueda de engranaje, la que a su vez es girada por una manija o mango, según la forma actual de los molinos manuales, probablemente haya sido el fabricante de molinos, o una persona cuya única o principal ocupación, como consecuencia de la mayor división del trabajo, era preparar esa máquina original y rudimentaria, invención que no está fuera del alcance de la capacidad de un esclavo común. Grandes ventajas se alcanzaron con esta mejora. Así, habiéndose ubicado toda la maquinaria bajo la piedra inferior, la parte de arriba de la piedra superior quedó liberada para agregar la tolva, el alimentador y la batea; y mediante la manivela o mango, que giraba el tornillo, al moverse en un círculo perpendicular al horizonte, la fuerza del cuerpo humano pudo aplicarse sobre ella con mucha mayor ventaja que a cualquier manivela que girase en un círculo paralelo al horizonte. Probablemente estas diferentes mejoras no fueron invenciones de un solo hombre, sino descubrimientos sucesivos a través del tiempo, la experiencia y el ingenio de muchos artesanos diferentes. Algunas de las más simples, como el alimentador y la batea, pueden haber sido ocurrencia del molinero. Sin embargo, las más complejas, como la rueda de engranaje y el tornillo, probablemente fueron invenciones del fabricante de molinos. Estos inventos llevan las marcas más evidentes del ingenio de un artesano muy inteligente. A quien primeramente se le ocurrió sustituir la manivela por una rueda exterior girada por una corriente de agua, y más aún, quien primero pensó en emplear una corriente de viento para el mismo propósito probablemente no haya sido un trabajador ordinario sino un filósofo o un mero hombre especulativo; una de esas personas cuyo oficio consiste en no hacer nada sino observarlo todo, y a partir de esto son capaces de combinar las potencialidades de los objetos más opuestos y distantes. Emplear de la manera más ventajosa esas potencialidades ya conocidas y utilizadas hasta entonces para un propósito particular no excede la capacidad de un artesano ingenioso. No obstante, pensar en la utilización de potencialidades nuevas, que son aún totalmente desconocidas y que nunca antes han sido utilizadas para ningún propósito similar, corresponde solo a aquellos que tienen un mayor nivel de pensamiento y una visión más amplia sobre las cosas de lo que naturalmente ocurre con un mero artesano. Cuando un artesano realiza alguno de estos descubrimientos no se ve a sí mismo como un mero artesano, sino como un verdadero filósofo, sea cual fuere su profesión nominal. Solo un verdadero filósofo pudo haber inventado la máquina de vapor, y concebir la idea de producir un efecto tan magnífico mediante un poder de la naturaleza que nunca antes se había pensado. Es probable que muchos artesanos inferiores, empleados en la fabricación de esta maravillosa máquina, posteriormente descubrieran mejores métodos para utilizar ese poder que aquellos de los que se valió su brillante inventor en un primer momento. De la misma manera, debe haber sido un filósofo quien inventó esas máquinas, ahora comunes y que por tanto pasan inadvertidas, como son los molinos de viento y agua. Puede que muchos artesanos inferiores los hayan mejorado posteriormente. Con el progreso de la sociedad, la filosofía o especulación naturalmente se vuelve, como cualquier otro empleo, la única ocupación de una clase particular de ciudadanos. Como cualquier otra profesión, se subdivide en muchas ramas diferentes; entonces tenemos filósofos críticos, comerciales, políticos, morales, metafísicos, físicos, astronómicos, químicos, mecánicos. En filosofía, como en cualquier otro oficio, esta subdivisión de empleos mejora la destreza y ahorra tiempo. Cada individuo tiene más experticia en su rama particular. En conjunto se produce más, y la cantidad de ciencia crece considerablemente gracias a esto.

Esta división del trabajo de la que resultan tantas ventajas no es originalmente el efecto de la sabiduría humana que prevé y tiene la intención de alcanzar esa opulencia general que posibilita. Es la consecuencia necesaria, aunque muy lenta y gradual, de cierto principio o propensión en la naturaleza humana, que no tienen en vistas tan amplia utilidad. Esta es una propensión común a todos los hombres, y que no se encuentra en ninguna otra raza de animales: una propensión a trocar, permutar e intercambiar una cosa por otra. Que esta propensión es común a todos los hombres es suficientemente obvio, como también lo es que no se encuentra en otra raza de animales, los que no parecen estar familiarizados ni con esta ni con ninguna otra especie de contrato. Dos galgos persiguiendo la misma liebre parecen actuar a veces según algún tipo de acuerdo. Cada uno la hace dirigirse hacia su compañero, o se empeña en interceptarla cuando su compañero la dirige hacia él. Sin embargo, esto no es efecto de ningún contrato, sino que ocurre meramente a partir de sus pasiones, que emergen en ese instante al coincidir en el mismo objeto. Nunca nadie vio a un perro hacer un intercambio equitativo y deliberado de un hueso por otro con otro perro. Nunca nadie vio a un animal mediante sus gestos y aullidos naturales dar a entender a otro: «Esto es mío, aquello es tuyo; estoy dispuesto a darte esto por aquello». Cuando un animal desea obtener algo, sea de un hombre o de otro animal, no tiene otro medio de persuasión que ganarse la amabilidad y favor de quienes tienen lo que necesita. Un cachorro adula a su madre, y un spaniel se empeña, mediante mil encantos, en llamar la atención de su amo que está cenando cuando quiere que lo alimente. El hombre algunas veces usa los mismos artilugios con sus pares y, cuando no tiene otros medios para convencerlos de actuar según sus propias inclinaciones, se empeña en obtener su benevolencia mediante cualquier atención aduladora. Sin embargo, no tiene tiempo para hacer esto constantemente. Tan menesterosa es su situación natural que en todo momento necesita de la cooperación y asistencia de grandes multitudes, mientras que su vida entera es escasamente suficiente como para ganarse la amistad de unas pocas personas. En todas las otras razas de animales cada individuo es casi completamente independiente, y en su estado natural y ordinario no necesita recurrir a la ayuda de otra creatura viviente. Cuando le ocurre alguna extraña desgracia, sus aullidos lamentosos y dolidos a veces llaman la atención de sus compañeros para recurrir en su alivio, y a veces incluso convencen al hombre. Sin embargo, cuando esa ayuda se vuelve indispensablemente necesaria, la creatura generalmente debe valerse por su cuenta, al punto de morir debido a su necesidad. En el curso habitual de las cosas, tales situaciones ocurren raramente, y la naturaleza, con su usual economía, no pensó que fuera adecuado proveer a los animales de ninguna cosa en particular más que lo que hizo para alivio del hombre que naufraga en medio del océano. Pensó que su principal propósito, la continuación y propagación de las especies, probablemente no se vería interrumpido por esos accidentes infrecuentes y extraordinarios. Sin embargo, un animal, una vez que llega a la madurez, raramente necesita de la asistencia de sus compañeros, mientras que un hombre requiere de la ayuda de sus pares casi constantemente, y es en vano que la espere solamente de su benevolencia. Se granjeará esa ayuda de manera mucho más probable si puede interesar el egoísmo [*self love*] de los demás a su favor, y mostrarles que hacen lo que él les solicita en ventaja de ellos mismos. Quien quiera que ofrezca a otro un trato de cualquier tipo le propone hace esto: «Dame aquello que quiero y tendrás esto que quieres». Este es el significado liso y llano de este tipo de ofertas. De esta manera obtenemos los unos de los otros, por mucho, la mayor y más importante parte de aquellos buenos oficios que necesitamos. No es a partir de la benevolencia del carnicero, el cervecero y el panadero que esperamos nuestra cena, sino de la consideración que ellos hacen de su propio interés. No nos dirigimos a su humanidad, sino a su egoísmo [*self love*], y nunca les hablamos de nuestras propias necesidades, sino de sus ventajas. Solo un mendigo elige depender principalmente de la benevolencia de sus conciudadanos. Pero ni siquiera el mendigo depende completamente de aquella. Si lo hiciera, moriría en una semana. En efecto, la caridad de la gente bien predispuesta quizás pueda suministrarle todo lo que necesita para subsistir. Pero aunque este principio en última instancia le provea de todas las cosas necesarias para su vida, no lo provee, ni puede proveerlo de la manera en que él lo necesita. La mayor parte de sus necesidades circunstanciales se satisfacen de la misma manera que las de otras personas, mediante un trato, un trueque o una compra. Con el dinero que alguien le da compra comida. Los viejos ropajes que otra persona le regala los intercambia por otros viejos atuendos que le van mejor, o por albergue o por comida, o por dinero, con el que también puede comprar comida, ropa o albergue, según los necesite.

De la misma manera en que, mediante el trueque y el intercambio, obtenemos los unos de los otros la mayor parte de aquellos buenos oficios mutuos que necesitamos, así también es esta misma disposición a trocar la que originalmente da lugar a la división del trabajo sobre la que se funda toda la opulencia de las sociedades civilizadas. Entre una nación de cazadores o pastores se ve a un salvaje particular hacer arcos y flechas con mayor rapidez y destreza que cualquier otra persona. A veces los intercambia por carne de venado o por reses con sus compañeros, y gradualmente se va dando cuenta que de esta manera obtiene más carne de venado y más reses que si hubiera ido al campo a cazar. Por lo tanto, a partir de la consideración de su propio interés y conveniencia la fabricación de arcos y flechas llega a ser su principal oficio, y se convierte así en una especie de armero. Otro sobresale en la fabricación de estructuras y cubiertas para sus pequeñas chozas o casas móviles. Se acostumbra de esta manera a ser de utilidad para los de su propia tribu, quienes le retribuyen del mismo modo con reses y carne de venado, hasta que finalmente, por su propio interés, se dedica completamente a este empleo, y se convierte en una clase de carpintero de casas. De la misma forma, un tercero se vuelve herrero, un cuarto curtidor o trabajador de pieles y cueros, la parte principal de la vestimenta de los salvajes; y así, la certeza de poder intercambiar toda esa parte de producto de su propio trabajo que no necesita por las partes de la producción del trabajo de otros hombres que sí necesita permite a cada persona dedicarse a una ocupación específica y a cultivar y perfeccionar cualquier ingenio o talento natural que posea para esa especie de oficio particular.

En realidad, la diferencia de talentos naturales entre hombres diferentes quizás sea mucho menor de lo que creemos, y el ingenio tan diferente que parece caracterizar a hombres de profesiones diferentes cuando crecen hasta la madurez no es, tal vez, tanto la causa como el efecto de la división del trabajo. ¿Qué personas pueden ser más diferentes que un filósofo y un simple portero? Esta diferencia, sin embargo, no parece surgir tanto de la naturaleza como del hábito, la costumbre y la educación. Cuando llegaron al mundo, y durante los primeros cinco o seis años de existencia, quizás eran muy similares, y ni sus padres ni sus compañeros de juegos podían observar ninguna distinción notable. Aproximadamente a esa edad, o inmediatamente después, comienzan a emplearse en ocupaciones muy diversas. La diferencia de lo que llamamos genio comienza entonces a hacerse notar, y se extiende gradualmente, hasta que al final la vanidad del filósofo difícilmente esté dispuesta a reconocer cualquier parecido. Pero sin la disposición a trocar, permutar e intercambiar cada hombre tendría que dedicarse a hacer todas las cosas necesarias para la vida. Todos tendrían que hacer todo. Todos tendrían el mismo trabajo y los mismos deberes, y no podría haber una diferencia de ocupación tal que por sí sola diera lugar a tan considerable diferencia de carácter[2]. Esto explica que entre las naciones salvajes se observe una uniformidad de carácter mucho mayor que entre las naciones civilizadas. Entre las primeras casi no hay división del trabajo y, consecuentemente, no existe una marcada diferencia de empleos, mientras que entre las últimas hay casi una infinita variedad de ocupaciones, cuyas tareas respectivas apenas se parecen entre sí. ¿Qué perfecta uniformidad de carácter encontramos en todos los héroes descritos por Osián? ¿Y qué variedad de comportamientos, por el contrario, en los ensalzados por Homero? Osián describe lisa y llanamente las proezas de una nación de cazadores, mientras que Homero delinea las acciones de dos naciones que, aunque lejos de ser perfectamente civilizadas, eran mucho más avanzadas en relación con la era de los pastores, quienes cultivaban la tierra, construían ciudades, y menciona entre ellos muchos oficios y ocupaciones diversas, como albañiles, carpinteros, herreros, mercaderes, augures, sacerdotes, médicos. Es esa disposición a trocar, permutar e intercambiar la que no solamente ocasiona esa diferencia de genios y

---

² [*N. de T.*] Cfr. *LJ* B, pág. 493; *RN*, págs. 18-19.

talentos, tan notable entre hombres de profesiones diferentes, sino que, a su vez, vuelve útil esa diferencia. Hay muchas clases de animales, que habitualmente se reconocen de la misma especie, en las que la naturaleza parece haber impreso una distinción de disposiciones y genio mucho más notable que las que se dan entre los hombres, previo a la costumbre y la educación. Por naturaleza un filósofo no es, en genio y disposición, ni la mitad de diferente a un portero que lo que un mastín a un galgo, o un galgo a un spaniel, o este último a un perro pastor. Sin embargo, esas diferentes clases de animales, aunque de la misma especie, casi no se necesitan unas a las otras. La fuerza del mastín no depende en lo más mínimo ni de la velocidad del galgo, ni de la sagacidad del spaniel, ni de la docilidad del perro pastor. Los efectos de esos talentos y genios diferentes, a falta de la capacidad o disposición a permutar e intercambiar, no pueden conjugarse en un producto común, y no contribuyen en lo más mínimo a mejorar la condición de la especie. Cada animal está aún obligado a mantenerse y defenderse a sí mismo separada e independientemente, y no consigue ningún tipo de ventaja de esa variedad de talentos con que la naturaleza distinguió a sus pares. Entre los hombres, contrariamente, los genios más diversos son útiles los unos a los otros, los diversos efectos de sus diferentes talentos parecen conjugarse en un producto común por la disposición general a trocar, permutar e intercambiar. Un portero es útil a un filósofo, no solo cuando lleva una carga por él, sino también al facilitar casi todo comercio y manufactura cuyas producciones el filósofo puede necesitar. Cualquier cosa que compramos en cualquier negocio o almacén nos resulta más barata gracias a aquellos pobres trabajadores menospreciados, que en todas las grandes ciudades se han dedicado a la ocupación particular de cargar bienes de un lugar a otro, de empaquetarlos y desempaquetarlos, y que, en consecuencia, han adquirido una extraordinaria fuerza, destreza y velocidad en esta clase de tareas. Cualquier cosa sería más cara si antes de estar a la venta se hubiera cargado, empaquetado y desempacado por manos menos capaces y menos diestras, las que por igual cantidad de trabajo

habrían necesitado más tiempo, y habrían requerido, consecuentemente, más salarios, los que deberían cargarse a los bienes. El filósofo, por otra parte, es útil al portero, no solo cuando es un cliente ocasional, como cualquier otro hombre que no sea portero, sino
también de muchas otras formas. Si las especulaciones del filósofo se
dirigieran a la mejora de las artes mecánicas, este beneficio evidentemente podría llegar hasta la gente más humilde. Quienquiera que
queme carbón está en mejores condiciones gracias al inventor de la
máquina de vapor. Quienquiera que coma pan recibe una ventaja
mucho mayor de la misma clase por parte de los inventores y desarrolladores de los molinos de viento y agua. Incluso las especulaciones de quienes ni inventan ni desarrollan nada tienen cierta utilidad. Sirven al menos para mantener con vida y legar a la posteridad
los inventos y mejoras que se hicieron antes que ellos. Explican los
fundamentos y razones sobre los que se basaron esos descubrimientos, y no permiten que disminuya la cantidad de conocimiento útil.
Además, en las sociedades opulentas y comerciales pensar o razonar
se convierte, como cualquier otro empleo, en una ocupación particular, la que es ejercida por muy poca gente, quienes proporcionan
al público todo el pensamiento y la razón poseídos por las grandes
multitudes que trabajan. Si cualquier persona común hiciera una revisión plena y justa de todo el conocimiento que posee respecto de
cualquier materia que no caiga dentro de los límites de su ocupación
particular descubriría que casi todo lo que sabe lo ha aprendido de
segunda mano, de libros, de la instrucción literaria que puede haber
recibido en su juventud o de conversaciones ocasionales que puede haber tenido con hombres de ciencia. Descubriría que solo una
pequeñísima parte de estos conocimientos es producto de sus propias observaciones o reflexiones. Todo el resto ha sido comprado, de
la misma manera que sus zapatos o sus medias, a aquellas personas
cuyo negocio consiste en inventar y preparar para el mercado esa especie particular de bienes. Es de esta manera que ha adquirido todas
sus ideas generales sobre los grandes temas de religión, moral y gobierno, las que conciernen sobre su propia felicidad o la de su país.

Encontrará que su sistema completo sobre cada uno de estos importantes objetos casi siempre es originalmente producto de la industria de otra persona, de quien él mismo, o aquellos que tuvieron a cargo su educación, se lo procuraron de la misma manera que cualquier otra mercancía, mediante permuta o intercambio de alguna parte del producto de su propio trabajo.

Contenidos de los capítulos siguientes

Cap. 3ero. De la regla del intercambio, o de las circunstancias que regulan los precios de las mercancías. Tratados sobre

1ero. El precio requerido para inducir al trabajador a dedicarse a cualquier especie particular de industria, que debe ser suficiente para: 1ero mantenerse, 2do cubrir el costo de su educación para ese oficio particular, 3ero compensarlo por el riesgo que puede correr, ya sea por no vivir lo suficiente como para recibir tal indemnización, o por no tener éxito en esa ocupación, si viviera lo suficiente. El precio del trabajo rural. Del trabajo artesanal. De las artes producto del ingenio. De las profesiones liberales. Beneficios de las minas de plata.

2do. El precio que es fijado por el mercado y que es regulado 1ero por la necesidad o demanda de cualquier mercancía particular, 2do por la abundancia o escasez de la mercancía en proporción a aquella necesidad o demanda, y 3ero por la riqueza o pobreza de los demandantes.

3ero. La conexión entre esos dos precios. Que el precio de mercado nunca puede estar mucho tiempo por encima o por debajo del precio que es suficiente para incentivar al trabajador, a menos que exista un error grave en la política pública que impida la concurrencia de trabajo cuando el precio es demasiado alto, o fuerce una concurrencia mucho mayor que la natural cuando el precio es demasiado bajo.

4to. Que como la opulencia nacional o pública consiste en la baratura de las mercancías en proporción a los salarios del trabajo, cualquier cosa que tienda a incrementar su precio por encima de lo que es estrictamente necesario para incentivar al trabajador tiende a disminuir la opulencia nacional o pública. De los impuestos al consumo y otras imposiciones sobre la industria. De los monopolios.

5to. Que en cada país existe lo que puede denominarse un balance natural de industria, o una disposición en la gente a dedicarse a cada especie de trabajo en justa proporción a la demanda de ese trabajo. Que cualquier cosa que tienda a romper ese balance tiende a menoscabar la opulencia pública o nacional, sea por desincentivar extraordinariamente alguna clase particular de industria o por incentivar extraordinariamente otras. Del edicto del rey francés contra la plantación de nuevos viñedos[3] y otras leyes igualmente absurdas en otras naciones. De los subsidios a la exportación o manufactura de ciertos bienes. Que estos tienden, en efecto, a abaratar tales bienes, ya que el público paga una parte del precio, pero todos los otros bienes se encarecen, y a fin de cuentas incrementan el precio de las mercancías. Sobre el subsidio al cereal. Que este ha hundido el precio del cereal y, por tanto, tiende a disminuir las rentas de las tierras para el cultivo de cereal. Que la disminución en la cantidad de tierras para el cultivo de cereal tiende a incrementar la renta de las tierras destinadas a pastura, a incrementar el precio de la carne de carnicería, el precio del heno, el costo de la cría de caballos y, consecuentemente, el precio del transporte de carga, lo que, hasta cierto punto, entorpece todo el comercio interno del país.

Cap. 4to. Del dinero, su naturaleza, origen e historia, considerado primero como medida del valor y segundo como instrumento de comercio.

Sobre el primer encabezado tengo poco para decir que sea muy novedoso o particular, excepto una historia general de las mone-

---

³ [*N. de T.*] Cfr. *RN*, pág. 171.

das de Francia, Inglaterra y Escocia, los diferentes cambios que han sufrido, sus causas y efectos. Y excepto algunas observaciones sobre lo que puede denominarse como los precios monetarios de las mercancías. Que la industria humana, al ser empleada en todo momento de manera equitativa para multiplicar tanto la plata como las mercancías, y teniendo el ser humano mayor capacidad para multiplicar las mercancías que la plata, naturalmente debe esperarse que la cantidad de las primeras se incremente en una proporción mucho mayor que la de la segunda y, consecuentemente, que el precio monetario de las mercancías en todo momento debe descender continuamente. Que, sin embargo, las cosas no se corresponden exactamente con esta expectativa. Que en tiempos de gran barbarie e ignorancia los precios monetarios de las mercancías que pueden conseguirse en esos tiempos son siempre extremadamente bajos, y por qué razón. Que estos precios suben gradualmente hasta que la sociedad alcanza cierto nivel de civilización y refinamiento, y que en su progreso sucesivo a partir de este estado mejorado hasta una mayor opulencia y refinamiento, los precios descienden gradualmente de nuevo. Que los precios monetarios de las mercancías han estado descendiendo en general en Inglaterra desde hace aproximadamente un siglo, y que hubieran caído mucho más si no se hubiesen sostenido artificialmente mediante tasas e impuestos al consumo impropios, y por algunos monopolios injustos. Que la baratura de las mercancías en China y el Imperio mongol es el efecto necesario de la inmensa opulencia de esos países, a pesar de su gran abundancia de oro y plata.

Bajo el segundo encabezado, después de explicar el uso y la necesidad de un instrumento general de comercio, o medio de cambio, y la manera en que los metales preciosos se utilizan para ello naturalmente, me empeño en mostrar

1ero. Que como el único uso del dinero es hacer circular mercancías, es decir, comida, ropa y las comodidades del alojamiento u hospedaje, y que como el dinero mismo no es ni comida, ni ropa, ni

alojamiento, cuanto mayor sea la proporción que la parte de la producción de cualquier nación que se convierte en dinero represente
del total, menor cantidad de comida, ropa y alojamiento habrá en
esa nación; la cual, por lo tanto, será por mucho la peor alimentada,
vestida y alojada y, consecuentemente, será por mucho la más pobre
y menos poderosa. Que el dinero, al servir solo para la circulación de
mercancías, es una gran cantidad de producción muerta que no produce nada, y que se puede comparar perfectamente con una carretera que, si bien ayuda a circular el producto de toda la pastura y el cereal en el país, y por ende contribuye indirectamente al crecimiento
de ambos, no produce por sí misma ni pastura ni cereal.

2do. Que cualquier instrumento que posibilite a una nación a
circular la producción de su industria con una cantidad de dinero menor a la que se necesitaría de otro modo debe ser en extremo
ventajoso, porque la cantidad de dinero ahorrada puede ser intercambiada en el extranjero por mercancías, mediante lo cual un
número mucho mayor de personas puede ser alimentado, vestido,
alojado, mantenido y empleado; el beneficio de cuya industria in-
crementará aún más la opulencia pública. Que los bancos y los bi-
lletes bancarios son instrumentos de esta clase. Nos posibilitan, por
así decirlo, liberar nuestras carreteras, proporcionándonos una vía
de comunicación a través del aire mediante la cual hacemos nuestros negocios igualmente bien[4]. Que, por tanto, confinar su manejo a monopolios o establecer otras restricciones, excepto las necesarias para prevenir fraudes y abusos, debe obstruir el progreso de la
opulencia pública. Historia de la banca antigua y moderna.

3ero. Que la opulencia nacional o el efecto de la opulencia nacional, tanto al interior como al exterior, no consiste en, ni depen-

---

4 [N. de T.] En la RN esta metáfora tiene la siguiente forma: «Las sabias operaciones de un banco (permítasenos esta metáfora, aunque algo violenta) equi-
valen a una especie de carretera aérea y esto hace posible que la mayor parte de
los caminos reales de un país se conviertan en pastos y en sembradíos, acrecen-
tando de esta suerte el producto de su trabajo y de sus tierras» (pág. 290).

de de, la cantidad de dinero —ni siquiera del oro y la plata— que hay en el país; y que no debe darse ninguna clase de preferencia a esta especie de bienes sobre cualquier otra. Los malos efectos de la opinión contraria tanto en la especulación como en la práctica.

En la especulación, ha dado lugar a los sistemas de Mun y Gee, de Mandeville que se basó en aquellos, y del Sr. Hume que se empeñó en refutarlos.

En la práctica, dio lugar a

1ero. La prohibición que rige en algunos países de exportar monedas o lingotes. Una prohibición que, muy felizmente, es siempre en gran medida inefectiva; y que, si llegara a ser efectiva, necesariamente tendería a empobrecer al país. Primero, porque cualquiera sea la cantidad de oro y plata que haya en cualquier país por encima de lo suficiente para circular la producción de su industria es a tal punto producción muerta, que no es útil para nada, mientras que, si se le permitiera ir al extranjero, sería naturalmente intercambiada por aquello que alimentaría, vestiría, mantendría y emplearía un número mucho mayor de personas, cuya industria incrementaría la opulencia nacional real al multiplicar las comodidades y cosas necesarias para la vida. Segundo, porque esta innecesaria acumulación de oro y plata abarata estos metales en proporción a otras mercancías y, consecuentemente, eleva el precio monetario de todas las cosas. Esto detiene toda industria, ya que los campesinos, manufactureros y comerciantes de ese país son necesariamente desplazados, tanto en el interior como en el exterior, por los comerciantes de otros países en los que los precios monetarios de las cosas son menores. La miseria de España y Portugal se debe en parte —ya que muchas otras causas concurren— a esta prohibición.

2do. Las inadmisibles restricciones impuestas sobre ciertas ramas del comercio, y el inaceptable apoyo dado a otras, con el pretexto de que las primeras drenan nuestro dinero, al enviarlo al exterior y traer solamente bienes para consumir, y que las segundas nos enriquecen, al enviar afuera solo bienes y traer dinero metálico. La mezquindad, vulgaridad y estupidez de ambas concepciones. Primero, que cada rama de comercio que una nación puede llevar adelante regularmente con otra es, y necesariamente debe ser, ventajosa para ambas, cada una intercambiando aquello de lo que tiene menor necesidad por lo que necesita más, cada una entregando lo que tiene menos valor en su propio país por lo que tiene más valor en el mismo país; por tanto, cada una incrementando su propia opulencia real y, consecuentemente, su propia capacidad para alimentar, vestir, mantener y emplear gente. Segundo, que cualquier cosa que tienda a restringir la libertad de intercambiar una cosa por otra tiende a desalentar la industria y a obstruir la división del trabajo, que es el fundamento de la opulencia de la sociedad. Se admite que todas las prohibiciones a la exportación desalientan la industria, pero una prohibición a la importación debe tener el mismo efecto, dado que prohibirme intercambiar mis mercaderías en el lugar donde puedo comerciarlas con mayor ventaja es igual que prohibirme intercambiarlas por los bienes con que puedo obtener mayor ventaja. Si prohíbes la importación de vino francés, por ejemplo, desalientas toda la industria cuyos productos podrían haber sido intercambiados por el vino francés. Si esa industria se dedicara a la confección de paño fino, o a traer oro de Brasil, es irrelevante para la opulencia nacional. Si esa cantidad de paño es superior a lo requerido por el consumo interno, debe ir al exterior; y si esa cantidad de oro es superior a lo que el canal de circulación interna requiere o puede recibir, ya que son lo mismo, debe ir al exterior de igual modo, e intercambiarse por algo que se consuma en el interior, ¿y por qué no por buen vino francés? Tercero, que el producto de cada especie de industria que no se destruya por algún infortunio, o sea usurpada por un enemigo, es, tiene y debe ser consumida interiormente, sea en especie o en aquello por lo que se intercambie, después de cien, doscientos o trescientos intercambios; y que esto está tan lejos de quitar como de disminuir la ganancia nacional basada en la industria, que es esa misma circunstancia la que vuelve a toda industria rentable para la nación, ya que solo por medio de este consumo interno es posible mantener y emplear más personas, o que sean mantenidas y empleadas de manera más conveniente, o que la nación pueda mejorar sus circunstancias en cualquier aspecto. Cuarto, que nunca ninguna nación se arruinó por lo que se denomina tener la balanza comercial en su contra, sino por el exceso de su consumo anual sobre el producto anual de su industria, lo que necesariamente las arruinaría aunque no tuviesen ningún comercio exterior. Quinto, que ninguna nación cuya industria y opulencia estén intactas puede permanecer mucho tiempo con faltante de dinero; ya que los bienes requieren dinero incluso más necesariamente de lo que el dinero requiere bienes. Sexto, que todo apoyo extraordinario dado a cualquier rama del comercio rompe el balance natural de la industria, tanto en el comercio como en las manufacturas y, hasta cierto punto, obstruye el progreso de la opulencia. Del comercio británico con Francia y Portugal. Que un comercio libre con Francia tendería infinitamente más a enriquecer a Gran Bretaña que un comercio libre con Portugal, porque Francia, dado que por su opulencia superior tiene más para dar, recibiría más de nosotros, e intercambiando un valor mucho mayor y en una variedad de vías mucho mayor, alentaría más industria en Gran Bretaña y daría lugar a mayores subdivisiones de trabajo, y que es solo la pasión y el prejuicio nacional lo que hace pensar a cualquier persona de otra manera. El mercader británico.

3ero. La noción de que la opulencia nacional consiste en dinero ha dado lugar a la opinión corriente y perniciosa de que nunca podemos dañarnos por ningún gasto ocasionado en el interior del país, porque el dinero, al ser gastado totalmente entre nosotros, no sale del país; y que lo que uno pierde otro lo gana. Que es extremadamente insignificante la diferencia respecto de la disminución de la opulencia pública, entre desperdiciar inútilmente una cantidad de comodidades y cosas necesarias para la vida en el interior, y desperdiciarlas —o al dinero con que se compran— de la misma manera enviándolas al exterior. Las guerras marítimas inútiles son casi tan destructivas como las guerras terrestres inútiles para la opulencia pública.

4to. La noción según la cual la opulencia nacional consistía en o dependía del dinero, unida a otra noción falsa, la de que el valor impuesto sobre los metales preciosos era cuestión de institución y acuerdo, dio lugar al famoso sistema de Mr. Law. Este caballero imaginó que, a través de medidas apropiadas, los habitantes de un país particular podían gradualmente ser inducidos a fijar la idea de un valor determinado a cierto papel moneda de la misma manera en la que actualmente lo fijan a cierta suma de dinero, e incluso a preferir el papel al dinero; y una vez que esto era de hecho alcanzado, el gobierno, que podía emitir este papel, podía estimular la industria, incrementar y pagar al ejército, y equipar las flotas, según creía apropiado, sin tener que incurrir en ningún otro gasto más que en la construcción de una fábrica de papel. La vanidad de esas dos imaginaciones, junto con la historia y análisis de las operaciones principales de este sistema. Esquema de South Sea.

Cap. 5to. Sobre las causas del lento progreso de la opulencia

Esas causas son de dos tipos: primero, impedimentos naturales, y segundo, un gobierno opresivo o insensato.

La ignorancia y pobreza original de la humanidad son los impedimentos naturales al progreso de la opulencia. Que es más fácil para una nación, así como para un individuo, pasar de un nivel moderado de riqueza a la mayor opulencia, que alcanzar ese nivel moderado de riqueza; como reza el proverbio, el dinero engendra dinero, tanto entre las naciones como entre los individuos. La dificultad extrema de comenzar a acumular y los múltiples accidentes a los que esto está expuesto. La lentitud y dificultad con que esas cosas, que ahora parecen las invenciones más simples, fueron descubiertas originalmente. Que una nación no siempre está en condiciones de imitar y copiar las invenciones y mejoras de sus vecinos más ricos; su aplicación por lo general requiere de una cantidad de productos de los que no dispone.

Los gobiernos opresivos e insensatos a los que casi siempre está sujeta la humanidad, pero más especialmente en los primitivos comienzos de la sociedad, incrementan considerablemente aquellos impedimentos naturales, los que no son superados fácilmente. La opresión y errores de gobierno afectan 1ero a la agricultura, y 2do a las artes y al comercio.

1ero. La gran importancia de la agricultura y en cuánto excede el valor de su producto anual al de cualquier otro arte. Que el cultivo de la tierra depende de la proporción entre el producto de que disponen los que la cultivan y la cantidad de tierra a ser cultivada. Que, consecuentemente, cualquier cosa que tienda a evitar la acumulación de producción en manos de los cultivadores, o a desalentarlos de continuar esa especie de industria después de haber acumulado cierto *stock* de esta manera, debe tender a retardar el progreso de la agricultura.

Que los jefes de una nación independiente que se instala en cualquier territorio —mediante la conquista o por otra vía—, tan pronto como se introduce la idea de propiedad privada de la tierra, nunca dejan parte alguna de la tierra sin parcelar, sino que, constantemente, por esa codicia que es natural al hombre, se apoderan de extensiones mucho más grandes de las que pueden cultivar en relación con su fuerza o su *stock*. A partir de la misma codicia y rapacidad, son reticentes a dividir los beneficios de esa tierra con cualquier hombre libre; lo que no pueden o no quieren cultivar por su propia fuerza, se empeñan en cultivarlo mediante la fuerza de esclavos, a los que conquistan en la guerra o compran de otra manera, y en cuyas manos no puede acumularse nunca ningún *stock*.

Del cultivo mediante esclavos

Que la tierra nunca puede ser cultivada de la mejor manera por esclavos; el trabajo hecho por esclavos siempre se vuelve más caro que el realizado por hombres libres. Sobre la exigua producción y el gran gasto del cultivo esclavo entre los antiguos griegos y romanos. De la villanía [*villenage*]⁵ que existió entre nuestros ancestros sajones y normandos; de los siervos de la gleba [*adscripti glebae*] en Alemania y Polonia, y los *rustici* en Rusia, y los que trabajan en las minas de carbón y sal de Escocia. Que el cultivo intensivo de Barbados y de algunas otras colonias de azúcar y tabaco, pese a que en estos casos el trabajo es realizado casi enteramente por esclavos, se debe al hecho de que el cultivo del tabaco y el azúcar se concentra en manos de los ingleses casi enteramente en el primer caso, y en manos de ingleses y franceses en el segundo caso, quienes, al disfrutar de esta forma de una clase de monopolio ante el resto del mundo, se cubren a sí mismos gracias a la exorbitancia de los beneficios de su método de cultivo caro y dispendioso. El gran gasto del cultivo esclavista en las plantaciones de azúcar. Los beneficios incluso más exorbitantes de los hacendados. Que los hacendados en las colonias más al norte, al cultivar principalmente trigo y maíz criollo, con los que no pueden esperar tales retornos exorbitantes, encuentran que emplear muchos esclavos va en contra de sus intereses, e incluso Pensilvania, las Jerseys y algunas de las provincias de Nueva Inglaterra son mucho más ricas y populosas que Virginia, por más que el tabaco, con su alto precio ordinario, sea un cultivo más rentable.

Del cultivo de los antiguos medieros [*metayers*]⁶, o aparceros [*steelbow*]⁷. Que a través de la totalidad de aquel pequeño rincón del mundo en que la esclavitud ha sido abolida, por concurrencia de diferentes causas, lo que natural y casi necesariamente siguió al cultivo esclavista fue el cultivo de los antiguos medieros o aparceros. Al comienzo del arrendamiento, el señor les entregaba a estos una cierta cantidad de ganado, que debía devolverse en igual

---

⁵ [*N. de T.*] En *LJ* B aparece el término *villainage*, traducido en la edición castellana como «villanía» (pág. 37). Cfr. *RN*, págs. 347-348.

⁶ [*N. de T.*] Cfr. *RN*, pág. 349

⁷ [*N. de T.*] Cfr. *LJ* B, págs. 85, 108; *RN*, pág. 350.

número y calidad al expirar el contrato. Con ese ganado, el arrendatario cultivaba la tierra y dividía el producto con el señor, eligiendo cada uno a su turno una de las gavillas que se armaban en el campo una vez que el cereal se había segado. Que la tierra nunca podría haberse mejorado óptimamente mediante tales arrendatarios. 1ero. Porque el *stock* muy difícilmente podía acumularse en sus manos; y 2do. Porque si hubieran llegado a acumular algo, nunca lo habrían dispuesto al mejoramiento de la tierra, ya que el señor, que no invertía nada, participaba de los beneficios. Que la mayor parte de las tierras en las partes occidentales de Europa —el único rincón del mundo en el que la esclavitud no ha sido abolida nunca—, especialmente casi cinco sextas partes de las tierras en Francia, aún se cultivan por arrendatarios de este tipo.

Del cultivo mediante agricultores propiamente dichos

Que a aquellos medieros o aparceros les sucedían, en algunos pocos lugares, agricultores propiamente dichos, o arrendatarios que tenían un alquiler de sus tierras de por vida o durante una cantidad de años, por una cierta renta a pagarse al principio en especie y luego en dinero. Que esos arrendatarios parecen haber sido originalmente aparceros, en cuyas manos, a pesar de muchas opresiones, se acumulaba algo de propiedad, y que de esta manera eran capaces de proveerse de sus propias tierras y, consecuentemente, de ofrecer un contrato de esta clase a sus señores. Que esos agricultores, al ser propietarios de un pequeño *stock*, y no estando obligados a obtener sus rentas directamente a partir de este *stock*, tenían la posibilidad y la voluntad de generar algunas mejoras. Que, sin embargo, aún trabajaban bajo muchas dificultades y desalientos. Que un arrendamiento de tierras, siendo una transacción fundada en un contrato, original y naturalmente engendraba solo un derecho personal en el arrendatario, el cual, aunque efectivo ante el arrendador y sus herederos, no lo era ante un comprador. Que, por

lo tanto, si un arrendatario realizaba cualquier mejora de sus tierras de manera que incrementaba en gran medida su valor, se ase-
guraba desplazar a su arrendador por un comprador real o ficticio.
De los estatutos de Inglaterra y Escocia, por los que los arrendamientos fueron primeramente asegurados contra los compradores,
y que esta política es casi exclusiva de Gran Bretaña. De los muchos otros desalientos que soportaban los arrendatarios en su trabajo. De las desventajas de una renta pagada en especie, y de las
dificultades que acompañaban a la introducción de las rentas mo-
netarias. De los arrendamientos año a año, o sin plazo fijo. De los
servicios arbitrarios con los que fueron agobiados toda clase de locatarios ampliamente a voluntad del terrateniente, a lo largo de
toda Europa. De las leyes por las que tales servicios eran restringi-
dos o abolidos en algunos países, de las razones políticas de esas leyes, y hasta qué punto se exigen aún en muchos países. De la *pres-
tación* [*purveyance*]. De las *tallas* [*tallages*] arbitrarias y exorbitantes
a las que los locatarios de cualquier tipo estaban obligados, y hasta qué punto subsisten aún en muchos países. De la *talla* [*taille*] en
Francia y sus efectos sobre la agricultura[8]. De la ventaja que la agricultura obtiene en Inglaterra a partir de la ley que da ciertos derechos a los arrendatarios a votar por Miembros del Parlamento, lo
que, por ende, establece una dependencia mutua entre el terrateniente y el locatario, y vuelve al primero, si tiene alguna consideración sobre su interés en el condado, muy cauto de intentar elevar
sus rentas, o de demandar cualquier otra exacción opresiva sobre
el segundo. La libertad superior de los ingleses sobre los escoceses.

Que la concentración original de tierras por parte de los jefes
de las naciones se ha perpetuado en Europa por tres causas diferentes. Primero, por los obstáculos que el antiguo gobierno feudal
interponía a la enajenación de la tierra, los cuales, pese a que ese
gobierno está casi enteramente extinto, permanecen aún por todas partes en muchas formas innecesarias que no se requieren en

---

[8]   [*N. de T.*] Sobre estos tipos de imposiciones, véase *RN*, págs. 352-353.

la transferencia de ninguna otra propiedad, cualquiera que sea su valor. Segundo, por vínculos y otras perpetuidades. Tercero, por el derecho de primogenitura. Las razones del progreso acelerado de la opulencia en aquellas colonias en las que este acaparamiento de tierras se ha evitado en alguna medida, y en las que la mayor parte de las tierras se cultivan no por agricultores sino por propietarios. De las colonias británicas de Norteamérica.

De otros desalientos al cultivo de las tierras. De los diezmos [*tythes*][9]. De la prohibición de la exportación de cereal según la antigua política de casi toda Europa. Que en algún momento posterior al total establecimiento del poder de los romanos, una prohibición de esta clase, junto con las distribuciones de cereal siciliano, egipcio y africano que anualmente hacía el gobierno a la gente a precio muy bajo, y que debe haber tenido el mismo efecto al desaliento del cultivo interno que una prima a la importación, ocasionó el despoblamiento de la antigua Italia, y al decir del viejo Catón, «Qui cuidam querenti quid maxime prodesset in re familiari? Bene pascere, respondit. Quid proximum? Saris bene pascere. Quid tertium? Male pascere. Quid quartum? Arare.» Cicerón, De Off. Lib. 2do. al final[10].

---

[9]   [*N. de T.*] Cfr. *RN*, pág. 353.

[10]   [*N. de T.*] «Quien, cuando se le pregunta cuál es el aspecto más rentable de la posesión de tierras, respondió "Criar ganado bien". "¿Qué le sigue?" "Criar ganado adecuadamente", "¿Qué viene en tercer lugar?" "Criar ganado mal" "¿Qué viene en cuarto lugar?" "Cultivar cereales"». Smith cita de memoria. El texto real de Cicerón (*De Officiis*, II.89) difiere un poco literalmente, pero no en significado.

2. PRIMER FRAGMENTO SOBRE LA DIVISIÓN DEL TRABAJO

[Manos menos capaces y menos diestras] las que por igual cantidad de trabajo habrían necesitado más tiempo, y habrían requerido, consecuentemente, más salarios, los que deberían cargarse a los bienes. El filósofo, por otra parte, es útil al portero, no solo cuando es un cliente ocasional, como cualquier otro hombre que no sea portero, sino también de muchas otras formas. Si las especulaciones del filósofo se dirigieran a la mejora de las artes mecánicas, este beneficio evidentemente podría llegar hasta la gente más humilde. Quienquiera que queme carbón está en mejores condiciones gracias al inventor de la máquina de vapor. Quienquiera que coma pan recibe una ventaja mucho mayor de la misma clase por parte de los inventores y desarrolladores de los molinos de viento y agua. Incluso las especulaciones de quienes ni inventan ni desarrollan nada tienen cierta utilidad. Sirven al menos para preservar y legar a la posteridad los inventos y mejoras que se hicieron antes que ellos. Explican los fundamentos y razones sobre los que se basaron esos descubrimientos, y permiten que no disminuya la cantidad de conocimiento útil[11].

Como es la capacidad de intercambiar la que da lugar a la división del trabajo, así la extensión de esta división será siempre proporcional a la extensión de esa capacidad. Cada especie de industria será llevada a cabo de una manera más o menos perfecta, esto es, será de manera más o menos precisa subdividida en diferentes ramas, de acuerdo con su capacidad para ser dividida, en proporción con la extensión del mercado, que es evidentemen-

---

[11] [*N. de T.*] El comienzo del párrafo se completa de esta forma puesto que existe un paralelo casi exacto con un pasaje del *Borrador* (véase más arriba, pág. 154).

te lo mismo que la capacidad de intercambiar. Cuando el mercado es muy pequeño es completamente imposible que pueda existir esa separación de un empleo respecto de otro, cosa que ocurre naturalmente cuando aquel es más extenso. En una aldea, por ejemplo, es completamente imposible que exista un oficio como el del portero. En esa circunstancia, ninguna carga que necesitara transportarse de una casa a otra generaría empleo permanente a un hombre por más de una semana al año. Tal oficio difícilmente pueda ser perfectamente separado de los otros en una ciudad con un mercado bastante grande. Por la misma razón, en todos los pequeños pueblos que se encuentran a gran distancia de cualquier ciudad mercantil cada familia debe hornear su propio pan y elaborar su propia cerveza, con grandes gastos e incomodidades, debido a la interrupción que esto produce en sus respectivos empleos, y por estar obligados, de esta manera, a mantener un mayor número de sirvientes de los que serían necesarios en otra situación. En tierras montañosas y desérticas, como la mayor parte de las Tierras Altas de Escocia, no podemos esperar encontrar, de igual modo, ni siquiera un herrero, un carpintero o un albañil a menos de veinte o treinta millas de otro herrero, carpintero o albañil. Las familias dispersas que viven a diez o quince millas de distancia del más cercano de cualquiera de estos tres artesanos deben aprender a realizar por sí mismas un gran número de pequeñas tareas por las que en las tierras más populosas fácilmente podrían recurrir a uno u otro de aquellos, a quienes ahora solo pueden darse del lujo de ir a buscar en ocasiones muy extraordinarias.

En una tribu salvaje de América del Norte, que está formada generalmente por cazadores, el número máximo de personas que pueden subsistir conjunta y convenientemente pocas veces excede las cien o ciento cincuenta. Cada poblado está a una distancia tan grande de cualquier otro, y atravesar el territorio es tan difícil y peligroso, que casi no existen relaciones entre las distintas poblaciones, incluso de una misma nación, excepto las que se generan por la guerra y la defensa mutua. En ese territorio es imposible que un empleo solo esté totalmente separado de cualquier otro. Un hombre, etc: Un hombre puede destacarse entre todos sus compañeros en una destreza particular, pero es imposible que pueda dedicarse completamente a ella a falta de un mercado para descontar e intercambiar por otras mercancías la mayor parte de los bienes que, en ese caso, necesariamente produciría. Por tanto, la pobreza necesariamente sobrevendrá en dicha sociedad. En una tribu de tártaros, o árabes salvajes, quienes generalmente son pastores, un número mucho mayor de personas puede vivir cómodamente en un lugar. No dependen de los accidentes fortuitos del azar para su subsistencia, sino de la leche y de la carne de sus manadas y rebaños, que pastan en los campos adyacentes al poblado. Los hotentotes, cerca del Cabo de Buena Esperanza, son la nación de pastores más bárbara conocida en el mundo. Uno de sus poblados o *kraals,* sin embargo, se dice que generalmente consta de más de quinientas personas. Una horda de tártaros frecuentemente consta de cinco, seis o hasta diez veces ese número. Por lo tanto, como entre tales naciones, aunque difícilmente tengan algún comercio exterior, el mercado interno es algo más extenso, podemos esperar encontrar algo así como el inicio de la división del trabajo. Incluso en cada poblado de hotentotes, por tanto, según el Sr. Kolben, existen ciertos oficios como los de un herrero, un sastre y hasta un médico, y las personas que los ejercen se mantienen, si bien no totalmente, en gran medida gracias a sus empleos respectivos, por los que asimismo son marcadamente distinguidos del resto de sus conciudadanos. Entre los tártaros y árabes encontramos los comienzos difusos de una variedad de empleos, incluso mucho mayor. Los hotentotes, por ende, pueden ser considerados como una nación más rica que la de América del Norte, y los tártaros y árabes más ricos que los hotentotes. No obstante, la división del trabajo completa es posterior incluso a la invención de la agricultura. Mediante la agricultura, la misma cantidad de tierra no solo produce cereal, sino que se vuelve ca-

paz de mantener un número de ganado mucho mayor que antes.
Por tanto, un número de gente mucho mayor puede subsistir convenientemente en el mismo lugar. El mercado interno, en consecuencia, se vuelve mucho más extenso. El herrero, el albañil, el
carpintero, el tejedor y el sastre rápidamente se dan cuenta por su
propio interés que no les conviene molestarse en cultivar la tierra, sino intercambiar con el agricultor los productos de sus variados empleos por el cereal y el ganado que necesitan. Asimismo,
el agricultor comprende muy rápido que igualmente va en contra de su interés interrumpir su oficio para hacer vestimentas para
su familia, construir o reparar su casa, arreglar o fabricar los diferentes instrumentos para su oficio o las distintas partes del mobiliario doméstico, sino que le conviene recurrir a otros trabajadores para que realicen cada una de esas tareas, a quienes retribuye
con cereal y ganado.

3. SEGUNDO FRAGMENTO SOBRE LA DIVISIÓN DEL TRABAJO

…o diez hombres, y navegando desde el puerto de Leith, frecuentemente en tres días, generalmente en seis días, llevarán doscientas toneladas de bienes al mismo mercado. Por tanto, ocho o diez hombres con la ayuda de un transporte acuático pueden llevar, en un tiempo mucho menor, una cantidad de bienes mucho mayor desde Edimburgo a Londres que sesenta y seis carros de rodado estrecho remolcados por trescientos noventa y seis caballos y asistidos por ciento treinta y dos hombres; o que cuarenta carros de rodado ancho remolcados por trescientos veinte caballos y asistidos por ochenta hombres. Luego, sobre doscientas toneladas de bienes que son trasladados por el transporte terrestre más barato desde Edimburgo a Londres debe cargarse la mantención de ochenta hombres por tres semanas. La mantención y lo que, aunque menos que la mantención, tiene empero es muy costoso: el deterioro por el uso de trescientos veinte caballos y de cuarenta carros. En cambio, al costo del trasporte acuático de doscientas toneladas de bienes entre los mismos mercados hay que cargar solo la mantención de ocho o diez hombres por una quincena aproximadamente, más el deterioro por uso de una nave de doscientas toneladas de carga. Por tanto, si no hubiera otro tipo de comunicación entre Edimburgo y Londres que no fuese por tierra, como no podrían transportarse bienes de un lugar a otro, salvo aquellos cuyo precio fuera muy alto en proporción a su peso, no existiría ni la centésima parte del comercio que actualmente se transporta entre estas ciudades ni, en consecuencia, la centésima parte del estímulo que mutuamente dan a sus respectivas industrias hoy en día. Habría muy poco comercio de cualquier tipo entre las partes distantes del mundo. ¿Cuán pocos bienes son tan

preciosos como para cubrir el gasto de transporte terrestre entre
Londres y Cantón, en China, lugares que actualmente mantienen un comercio tan extenso y consecuentemente brindan tanto
incentivo mutuo a sus industrias? Por lo tanto, las primeras mejoras en las artes e industrias se realizan siempre en aquellos lugares donde la comodidad del transporte acuático proporciona el
mercado más extenso para los productos de cada clase de trabajo. En nuestras colonias de Norteamérica las plantaciones han seguido de manera uniforme la costa marítima o las riberas de ríos
navegables, y raramente se extendieron a distancias considerables
de ambas. Refiriéndose al condado de Fife, cuyo interior en aquel
tiempo estaba muy mal cultivado, mientras que la costa marítima
lo estaba extremadamente bien, James VI de Escocia dijo que era
como un abrigo de lana ordinario con orlas de encaje de oro. Lo
mismo puede decirse todavía de la mayor parte de nuestras colonias de Norteamérica. Los países del mundo que primeramente
parecen haber sido civilizados son los que se encuentran en torno
a las costas del mar Mediterráneo. Dicho mar —de lejos la ense-
nada más grande conocida en el mundo, que al no tener mareas
tampoco tiene olas, salvo las generadas por el viento— fue, por
la tranquilidad de su superficie, y por su gran cantidad de islas
y la proximidad de sus costas enfrentadas, extremadamente fa-
vorable para la incipiente navegación del mundo, cuando por no
contar con la brújula, los hombres temían abandonar la costa y,
por la imperfección del arte de la construcción de barcos, aden-
trarse en las tempestuosas olas del océano. De todos los países sobre las costas del Mediterráneo, Egipto parece haber sido el primero en que la agricultura y las manufacturas fueron cultivadas o
desarrolladas de modo considerable. El Alto Egipto apenas se extiende más allá de cinco o seis millas del Nilo, y en el Bajo Egipto ese gran río, etc: se divide en una gran cantidad de canales que,
con la ayuda de algo de arte, permiten, como actualmente en Holanda, una comunicación mediante transporte acuático no solo
entre todas las grandes ciudades, sino también entre todos los po-

blados de tamaño considerable, y entre casi todos los caseríos en el campo[12]. De esta manera, la extensión y posibilidad de navegación interna y comercio, evidentemente, parecen haber sido las causas del desarrollo temprano de Egipto. También la agricultura y las manufacturas parecen ser muy antiguas en algunas de las provincias marítimas de China y en la provincia de Bengala en las Indias Orientales. Todos estos son territorios de una naturaleza muy similar a la de Egipto, atravesados por innumerables canales que les permiten tener una extensa navegación interna.

[12] [*N. de T.*] Cfr. *RN,* pág. 22.